中央高校基本科研业务费专项资金资助（项目批准号：23CX06047A）

荒漠化防治法律制度研究

RESEARCH ON THE LEGAL INSTITUTION OF DESERTIFICATION PREVENTION AND CONTROL

李智卓 ◎ 著

中国社会科学出版社

图书在版编目(CIP)数据

荒漠化防治法律制度研究 / 李智卓著. -- 北京：中国社会科学出版社，2025.6. -- ISBN 978-7-5227-3914-4

Ⅰ.D922.684

中国国家版本馆 CIP 数据核字第 2024DL9311 号

出 版 人	赵剑英
责任编辑	黄 丹 曲 迪
责任校对	阎红蕾
责任印制	李寡寡

出　　版	中国社会科学出版社
社　　址	北京鼓楼西大街甲 158 号
邮　　编	100720
网　　址	http://www.csspw.cn
发 行 部	010-84083685
门 市 部	010-84029450
经　　销	新华书店及其他书店
印　　刷	北京明恒达印务有限公司
装　　订	廊坊市广阳区广增装订厂
版　　次	2025 年 6 月第 1 版
印　　次	2025 年 6 月第 1 次印刷
开　　本	710×1000　1/16
印　　张	13
字　　数	171 千字
定　　价	68.00 元

凡购买中国社会科学出版社图书，如有质量问题请与本社营销中心联系调换
电话：010-84083683
版权所有　侵权必究

目 录
CONTENTS

导 论 …………………………………………………… (001)
    一 研究背景及意义 ………………………………… (001)
    二 国内外研究现状 ………………………………… (006)
    三 主要研究内容 …………………………………… (015)
    四 主要创新及不足 ………………………………… (022)

第一章 荒漠化防治基础理论 ……………………………… (024)
    一 荒漠化的界定 …………………………………… (024)
    二 荒漠化的主要成因 ……………………………… (035)
    三 荒漠化防治的紧迫性 …………………………… (042)

第二章 荒漠化防治法制的主要问题与完善思路 ………… (049)
    一 荒漠化防治法制的主要问题 …………………… (049)
    二 荒漠化防治法制的完善思路 …………………… (053)

第三章 荒漠化防治法制的指导思想与基本原则 ………… (055)
    一 荒漠化防治法制的目的与指导思想 …………… (055)
    二 荒漠化防治法制的基本原则 …………………… (072)

第四章 荒漠化防治的政府责任制度 …………………… (084)
一 政府应承担防治荒漠化的主导性责任 …………… (084)
二 政府防治荒漠化责任的完善 ……………………… (095)

第五章 荒漠化防治的规划制度 ………………………… (100)
一 各单行法对荒漠化防治相关规划的规定及其冲突 … (100)
二 "多规合一"背景下荒漠化防治规划的完善 ……… (112)

第六章 荒漠化的预防制度 ……………………………… (119)
一 荒漠化环境影响评价制度 ………………………… (119)
二 荒漠化监测预警制度 ……………………………… (123)
三 禁限制度 …………………………………………… (126)
四 畜草平衡制度 ……………………………………… (130)
五 生态保护红线制度 ………………………………… (134)

第七章 荒漠化的治理制度 ……………………………… (138)
一 荒漠化治理的主体及其责任制度 ………………… (139)
二 荒漠化治理的措施与机制制度 …………………… (151)

第八章 荒漠化防治的保障制度 ………………………… (176)
一 科学技术保障 ……………………………………… (176)
二 资金保障 …………………………………………… (180)
三 公众参与保障 ……………………………………… (183)

结 语 ……………………………………………………… (187)

参考文献 ………………………………………………… (193)

导　论

一　研究背景及意义

荒漠化的问题不仅是国际社会关注的焦点，更是我国关心的问题。联合国统计，全球有 10%—20% 的旱地退化，1%—6% 的旱地居民生活在荒漠化地区，受荒漠化影响的地区面积应在 600 万—1200 万平方千米；每年荒漠化导致的经济损失保守估计约为 423 亿美元。[①] 如果荒漠化问题继续下去，则将导致大量荒漠化地区的人口居无定所、食不果腹，进而会使整个国际社会动荡不安。然而，尽管面临严重的荒漠化威胁，但荒漠化扩张的整体趋势仍未得到有效遏制，荒漠化问题已经成为悬在人类头顶的达摩克利斯之剑。我国林草部门最新统计，我国荒漠化土地面积为 261.16 万平方千米，占国土总面积的 27.20%，分布在 18 个省份的 528 个县；沙化土地面积为 172.12 万平方千米，占国土总面积的 17.93%，分布于 30 个省份的 920 个县。虽然，自 2000 年以来二者的面积皆有缩减，但荒漠化土地总面积仅缩减了 2.34%，沙化土地仅缩减了 1.43%，恢复速度缓慢。此外，荒漠化影响我国近 4 亿人口，每年荒漠化造成的损

[①] World Resources Institute, *Millennium Ecosystem Assessment—Ecosystems and Human Well-being: Desertification Synthesis*, Washington D. C.: Island Press, 2005.

失达540多亿元①。若不能找到有效的治理荒漠化的方法，不仅会导致民族问题的产生，也不利于社会的和谐和经济的发展。综观国内外，法律手段是防治荒漠化必不可少的手段之一。国际上缔结了专门的国际公约，国内也出台了诸多涉及荒漠化防治的立法。

由于荒漠化迅速蔓延，尤其是发生在非洲萨赫勒地区的严重旱灾导致几十万人的死亡，因此国际社会越发重视荒漠化的治理，进而催发了国际荒漠化防治法律体系的快速发展。1973年，乍得、马里等国签署《设立萨赫勒国际抗旱常设委员会公约》；1977年，联合国环境规划署（UNEP）在内罗毕召开联合国防止荒漠化会议（UNCO）并制定《联合国防治荒漠化行动计划》（UNPACD）；1984年，在卢萨卡举行非洲环境保护会议并通过《非洲环境保护行动计划》，强调非洲各国必须在控制荒漠化方面做出最大努力，只有征服沙漠才能让非洲的经济、社会事业得到发展。1992年12月，联合国大会通过第58/211号决议，决定成立防治荒漠化政府间谈判委员会以起草《联合国防治荒漠化公约》（以下简称《防治荒漠化公约》）。1994年缔结的《防治荒漠化公约》作为防治荒漠化领域的第一个国际性公约于1996年正式生效。该公约具有法律约束力，所有缔约方都要履行自身所承担的义务并采取实际行动。截至2017年，《防治荒漠化公约》缔约方达196个，成为国际公约中缔约方数量最多的公约之一。我国也于1994年10月签署了该公约。与《联合国防治荒漠化行动计划》类似，《防治荒漠化公约》将国家行动计划（NAP）作为各国防治荒漠化的重要措施。②进入21世纪后，《防治荒漠化公约》又采取了十年计划和土地退化中性行动（土地退化零

---

① 严冰：《中国每年因土地沙化造成的直接经济损失达540亿元》，《草业科学》2005年第4期。

② [瑞典] U.赫尔登：《沙漠化及沙漠化防治理论：对中国和欧洲观念的探讨》，载《中国—欧盟荒漠化综合治理研讨会论文集》，中国国际科学技术合作协会2003年版，第73—79页。

增长）以遏制不断扩张的荒漠化土地。

我国自加入《防治荒漠化公约》以来，就抓紧履行作为缔约国的责任和义务。这不仅是对国际社会负责，也是对我国人民负责。为此，我国政府在开发荒漠化治理新技术的同时，也大力推进与荒漠化防治有关的法律出台。2001年，世界上第一部专门防治荒漠化的立法——《中华人民共和国防沙治沙法》（以下简称《防沙治沙法》）出台，从此我国荒漠化防治正式进入了法治轨道。以此为标志，我国初步形成了以《中华人民共和国宪法》（以下简称《宪法》）为根本大法，以《防沙治沙法》和《中华人民共和国水土保持法》（以下简称《水土保持法》）为核心法，以《中华人民共和国环境保护法》（以下简称《环境保护法》）、《中华人民共和国草原法》（以下简称《草原法》）、《中华人民共和国森林法》（以下简称《森林法》）、《中华人民共和国水法》（以下简称《水法》）、《中华人民共和国土地管理法》（以下简称《土地管理法》）、《中华人民共和国农业法》（以下简称《农业法》）、《中华人民共和国气象法》（以下简称《气象法》）等诸多单行法为辅助法，以相关条例、实施细则等法规、文件为具体执行依据的"二专多维"荒漠化防治法律体系。[①] 与此同时，我国还成立了专门负责治理荒漠化的中国防治荒漠化协调小组（以下简称"荒漠化协调小组"），形成了以国家林业和草原局（以下简称"国家林草局"）为主导，其余18个中央机关密切配合的荒漠化防治协调体系，使荒漠化防治的执法提高了效率。在中央政府的重视和大力治理下，中国荒漠化的治理取得了长足进步。历年发布的《中国荒漠化和沙化状况公报》（以下简称《荒漠化和沙化公报》）显示：1994—1999年，荒漠化和沙化面积分别增加了5.2万平方千米和17180平方千米；1999—2004年，分别减少了37924平方千米和

[①] 本书探讨的相关立法均为2020年前的版本。

6416平方千米；2004—2009年，分别减少了12454平方千米和8587平方千米；2009—2014年，分别减少了12120平方千米和9902平方千米。可以看出，我国荒漠化和沙化状况自1999年以来持续好转，不仅提前实现了联合国荒漠化土地零增长的目标，还呈现"整体遏制、持续缩减、功能增强、成效明显"的良好趋势。2017年9月，《防治荒漠化公约》第十三次缔约方大会在中国内蒙古鄂尔多斯举行。196个缔约方与会并达成了《鄂尔多斯宣言》，在肯定中国荒漠化治理的成功经验的同时，让世界其他受荒漠化严重影响的国家学习中国经验。会上，中方代表再次明确了中国荒漠化防治的未来目标，即到2020年让一半的可治理沙化土地得到治理，到21世纪中叶使可治理的沙化土地得到全部治理。[①]

虽然国际和国内在荒漠化防治方面取得了诸多进展，但当下的荒漠化防治法律体系及制度还存在诸多问题。在荒漠化防治法律体系方面，我国的荒漠化防治法始终处于一个大而散的状态，体系化程度十分低下。无论是《防沙治沙法》和《水土保持法》，抑或是《环境保护法》，都未明确提及"荒漠化"。与荒漠化防治相关度最紧密的《防沙治沙法》的主要目的是"防止土地沙化、治理沙化土地"。但是，荒漠化和土地沙化是有联系也有区别的；而且，荒漠化土地并不仅仅是沙化土地，二者在中国国土的分布上虽有重叠但也存在较大差异。在荒漠化防治管理体制方面，我国存在条块分割、政出多门的问题。由于其余涉及荒漠化防治的法律规范零星散落在诸多环境单行法中，这些单行法又有各自主要负责实施的部门，这样相互配合起来就容易减损法律的实施效力，降低荒漠化的治理效果。虽然存在一个防治荒漠化的中央协调机构——荒漠化协调小组，

[①] 于嘉、李云平：《中国实现荒漠化土地零增长》，《人民日报》（海外版）2017年9月12日第2版。

但是其主要由行政级别较低的国家林草局负责组织协调工作。在副部级的国家林草局的统领下，由其他正部级的部委行署配合防治荒漠化，加上荒漠化防治工作的综合性和广泛性，在实践中取得的效果往往不尽如人意。在荒漠化防治的目标和过程控制中，我国荒漠化防治将"规则+罚则"的传统模式贯穿其中。但对所有环境问题，实施以环境质量为目标的总行为控制制度是最关键的，[①] 荒漠化防治也不应例外。在实践中，我国荒漠化防治立法并未明确荒漠化防治的具体目标，更未依此采取总行为控制制度。荒漠化防治需要达到什么样的效果、防治效果是否符合自然限度在我国荒漠化防治法律制度中处于空白状态。当下我国荒漠化防治法律制度只鼓励采取各种工程技术手段防治荒漠化，并对造成荒漠化的单位和个人实施制裁。这不利于政府履行防治荒漠化的积极责任，也无法将目标分解以具体实施。此外，还有一个基本的问题悬而未决，即荒漠化防治法的调整范围始终没有确定。学术界对"荒漠化"概念的内涵及外延一直存在争议。在国内，"荒漠化""沙漠化""土地沙化"等概念长期混淆甚至交叉使用，尤其在法学界经常没有科学的区分。由于荒漠化防治法从属于环境法，是环境退化法的重要组成部分，其也就具有环境法的基本特征，即科学技术性。[②] 因此，"荒漠化"概念的确定就必须依靠自然学科的辅助。现今，国际上至少存在100种关于"荒漠化"概念的定义，我国科学界对其也难有统一的定论[③]。涉及荒漠化防治的法学文献，更是鲜有对"荒漠化"内涵及外延的分析，但"荒漠化"是荒漠化防治法律制度的调整范围，关系到这些法律在什么范围做功，对"荒漠化"概念不加分析或仅简

---

① 徐祥民：《环境质量目标主义：关于环境法直接规制目标的思考》，《中国法学》2015年第6期。
② 徐祥民：《环境与资源保护法学》，科学出版社2008年版，第17页。
③ 王涛、朱震达：《我国沙漠化研究的若干问题——1.沙漠化的概念及其内涵》，《中国沙漠》2003年第3期。

要介绍其历史和争论，无法确定荒漠化防治法律制度的调整范围，进而导致荒漠化防治法律制度的法域能否覆盖"荒漠化"这一自然空间问题难以解答，这就为荒漠化防治法律体系的构建埋下了隐患。

荒漠化防治是一个复杂的系统工程，需要有一个完善的荒漠化防治法律体系做保障。虽然我国取得了较好的荒漠化防治成效，但需要看到荒漠化的总面积依然庞大且逆转速度并不乐观。另外，还有学者提出了我国荒漠化的逆转和气候变暖、降水增多有关联。[①] 所以，要想荒漠化能够持续逆转需要长效的法律机制。鉴于我国目前的荒漠化防治实践和荒漠化防治法律制度的现状，本书旨在通过厘清我国荒漠化防治法制建设的缺陷，为荒漠化防治法律制度提供符合我国国情的理论和制度建议。对荒漠化防治法律的理论和制度进行研究，有利于丰富我国荒漠化防治法律体系的建立健全。目前，我国乃至国际领域都没有一个完善的荒漠化防治法律体系，本书作为为数不多的涉及该领域的著作可以提供有价值的理论和制度参考。加上法学界对荒漠化防治法中荒漠化的范围界定鲜有涉及，本书通过自然科学的认知，结合法学理论提出荒漠化防治法的调整范围，对荒漠化防治法的适用具有一定的参考价值。

二 国内外研究现状

国内外研究荒漠化防治法律制度的文献总体而言数量较少，而有关荒漠化防治的诸多文献主要集中在防治技术领域。由于荒漠化成因和防治的复杂性，许多学者都是结合某一特定区域来探讨荒漠化防治法律制度的。我国作为荒漠化严重但防治成效最显著的国家之一，在该领域的研究成果较国外相对丰富。

---

① 孔祥吉、孙涛：《中国荒漠化地区干湿状况分析》，《林业资源管理》2017年第4期。

在国内，我国研究荒漠化防治法律领域的学者在分析问题和解决问题方面具有较多共性。2000年，作为荒漠化研究的先驱之一的樊胜岳和高新才在朱震达等"北方土地荒漠化最主要原因是人为原因（94.5%）"论断的基础上提出了解决荒漠化应从解决土地上过重的人口压力出发，将生态学、经济学和沙漠学相结合进行综合治理。同时，提出荒漠化治理制度的创新点包括：国家、企业和农户共同投资荒漠化治理制度，完善荒漠化管理体制，建立荒漠化治理激励机制。其中，完善荒漠化管理体制包括制定防治荒漠化的法律法规，加强对荒漠化防治工作的领导、协调与监督，强化领导干部目标责任制和水资源统一规划与管理制度。他们所说的荒漠化治理激励机制包括国家的优惠政策（资金、税收、贷款和土地权属四个方面）和生态效益补偿制度。① 在此之后，诸多学者在此文的基础上对荒漠化防治制度展开研究。我国荒漠化防治法律制度方面的文献主要通过分析荒漠化的成因来寻找法律对策。学者主要围绕法律体系化、加强执法、强化政府责任、提高民众意识、管护水资源、植树种草、生态移民、生态补偿、经济金融支持、监测制度等方面展开研究。朱震达等就曾提出应将制定政策法规作为荒漠化防治的首要措施。② 由此可见，荒漠化防治法律制度对荒漠化防治的重要性并不亚于技术性防治。围绕法律制度和措施，我国一众学者展开了论述。

杜群对甘肃省石羊河流域的荒漠化问题进行了实地考察，并对其中存在的法律问题和实施状况进行了分析。她认为，石羊河流域的荒漠化主要是由有关法律的实施不力和资源管理机构的低效造成的。加上针对性的立法自身存在的问题，使土地被长期无限制地利

---

① 樊胜岳、高新才：《中国荒漠化治理的模式与制度创新》，《中国社会科学》2000年第6期。
② 朱震达、吴焕忠、崔书红：《中国土地荒漠化/土地退化的防治与环境保护》，《农村生态环境》1996年第3期。

用而无法得到有效的保护。因此，她提出了五项举措，即立法确定土地承载力、强化草原管理、改革水资源制度、理顺部门权限，以及加强部门间的协调。① 江伟钰从发动群众护林造林、完善土地保护立法并加强执法、保护野生动植物、注重资金投入几方面进行了法律思考。② 他还提出全球性的荒漠化防治有赖于各国共同义务的履行。③ 杜德鱼等认为依据法律、政策的保障和调节是防治荒漠化的最主要手段，建议严格执行现有土地保护立法，加强《荒漠化防治法》的制定出台并激励群众积极参与防治。④ 李春雨批判了《防沙治沙法》中"人定胜沙"这一防沙治沙的思想理论基础，认为"沙退人退"的治沙理念才应是防沙治沙思想理论起点。她提出了荒漠化防治的三个理论基础，即科学发展理论、最低因子限定律原理，以及自然资源产权理论，并认为荒漠化防治法律制度应侧重产权制度、激励制度、经济社会影响评价制度和区域功能划分制度。⑤ 刘雨沛从立法和执法两个方面着手，在政府责任、产权制度、公众参与、生态补偿、监测预警体系、强化执法、加大资金投入等方面提出建议。⑥ 赵江涛在探讨我国荒漠化防治法律制度的一篇论文中，提出了通过完善《防沙治沙法》、强化国有荒地管护和公众参与等方面构建荒漠化防治法律制度。⑦ 刘志在总结国际上荒漠化防治的经验教训

---

① 杜群：《防治土地荒漠化的资源法律问题及其对策——以甘肃省石羊河流域为例》，《法学评论》2004年第1期。
② 江伟钰：《关于防治荒漠化的法律思考》，《甘肃政法学院学报》1997年第3期。
③ 江伟钰：《论21世纪全球防治荒漠化的共同国际责任——重温〈联合国防治荒漠化公约〉》，载上海市社会科学界联合会编《和谐世界 和平发展与文明多样性》，上海人民出版社2006年版，第70—79页。
④ 杜德鱼、李拴斌、郭凤平：《关于防治荒漠化的法律政策思考》，《陕西师范大学学报》（哲学社会科学版）2000第S1期。
⑤ 李春雨：《防治荒漠化立法研究》，硕士学位论文，东北林业大学，2006年。
⑥ 刘雨沛：《我国荒漠化防治法律问题研究》，硕士学位论文，中南林业科技大学，2008年。
⑦ 赵江涛：《我国荒漠化防治法律制度研究》，硕士学位论文，中国地质大学，2009年。

后,对我国的《防沙治沙法》《土地管理法》《草原法》《水土保持法》的完善提出了建议。其中,设立西部固沙植物保护名录,以及建立部门间的协调机制的建议比较新颖。他还认为荒漠化防治法的指导思想应从"防、治"转变为"防、治、用"相结合,大胆呼吁"开发利用荒漠化土地"[①]。王彬辉认为,《防沙治沙法》应贯彻统一规划制度、植被营造和管护制度、以产草量确定载畜量制度、水资源开发利用和供水计划制度、禁限制度、环境影响评价制度,并建议在防治土地沙化过程中建立"三同时"制度,"利用市场机制以法防沙治沙"[②]。王欢欢和樊海潮首次将《防沙治沙法》和《防治荒漠化公约》进行了比较研究。在对二者的立法背景、性质、内容和结构等方面进行对比后发现,《防沙治沙法》和《防治荒漠化公约》都存在较为明显的问题,其关注的荒漠化和土地沙化存在显著差异。[③] 张利明跳过荒漠化的人类滥用等导致荒漠化的外在机制,从土地制度(产权方面)、投入制度、政府决策等内在机制探讨防治措施。[④]

虽然上述学者都对荒漠化的法律制度进行了论述,但相较于海量的荒漠化防治工程技术类文献,法律制度的重要性尚未得到应有的重视。吕忠梅和刘超一针见血地指出,"我们依然陷于技术治理和第一环境问题的思路中难以自拔",呼吁从法学视角探讨防沙治沙。他们认为防沙治沙应联系社会、经济、科技、文化等因素,将行政手段及社会公众、市场机制、合作协调机制相结合,采取综合决策的理念治沙,强调政府责任。同时,在立法理念方面必须重视调控

---

① 刘志:《我国西部土地荒漠化防治的法律对策》,《甘肃社会科学》2009第6期。
② 王彬辉:《利用市场机制以法防沙治沙——〈防沙治沙法〉评析》,《中国人口·资源与环境》2002年第2期。
③ 王欢欢、樊海潮:《UNCCD与〈中华人民共和国防沙治沙法〉比较研究》,《环境科学与技术》2007年第9期。
④ 张利明:《论制约土地荒漠化防治的现实制度问题》,《林业经济》2006年第10期。

人的行为，在立法中引入人地协调的理念。① 这与徐祥民人天关系和谐的理论和通过总行为控制制度实现的环境质量目标主义基本相符。徐祥民在构建环境法学理论的过程中常论及荒漠化问题，其诸多论点均对荒漠化防治法制的建设具有借鉴意义。他认为，作为环境问题之一的荒漠化本质是人类活动及其影响超出了环境承载极限，其具有全球影响，故而应以全球环境视角和思路进行考量。② 在义务本位的理论框架下，荒漠化防治法必须坚持整体主义的研究立场。③

除了上述传统法学研究方法，一些学者还从经济学的视角探讨荒漠化。2011年，樊胜岳等从制度经济学的视角研究我国某些时段"难以解释的沙漠化逆转"现象，强调荒漠化治理中的制度要素的重要性。在对"荒漠化地区生态管理理论基础"的论述中，同样运用经济学的分析方法和理论（包括公共物品理论、外部性理论、产权理论）阐释荒漠化防治的成因和对策。④ 戴秀丽通过市场经济理论分析荒漠化防治中的各要素，⑤ 王春阳认为，借鉴福建林产权制度改革的经验以实施沙地产权制度改革是"治理荒漠化土地的最佳途径"⑥。

除了荒漠化的法制问题，荒漠化的概念问题也纷繁复杂，国内外学者各抒己见。国内很多学者将荒漠化和沙漠化的概念混淆，因

---

① 吕忠梅、刘超：《从沙尘暴防治看立法理念的转换》，《河北法学》2007年第7期。
② 徐祥民：《极限与分配——再论环境法的本位》，《中国人口·资源与环境》2003年第4期。
③ 徐祥民、刘卫先：《环境法学方法论研究的三个问题》，《郑州大学学报》（哲学社会科学版）2010年第4期。
④ 樊胜岳、张卉、乌日嘎：《中国荒漠化治理的制度分析与绩效评价》，高等教育出版社2011年版，第109—131页。
⑤ 戴秀丽：《〈防沙治沙法〉实施的法律经济学思考》，《绿色中国》2004年第8期。
⑥ 王春阳：《从福建林产权制度改革看阿拉善沙化土地治理模式》，《法学杂志》2007年第3期。

为国内学者长期将 Desertification 译作沙漠化。例如，许多环境法学者在其文章的英文部分将沙漠化直接译为 Desertification，将防沙治沙译为 Anti-desertification。在讨论荒漠化防治时，一些学者集中讨论防治土地沙化的问题，将荒漠化等同于土地沙化。以上这些问题给笔者带来了极大困惑。针对荒漠化定义之争，王瑞恒和孟庆蕾认为1994年缔结的《防治荒漠化公约》标志着荒漠化定义之争的结束。[①] 但近年来，随着荒漠化治理工作的全面展开和新问题的出现，《防治荒漠化公约》中的荒漠化定义又面临新的挑战。由于荒漠化的概念受湿润指数的限制，发生在我国南方湿润地区的红漠化、石漠化理论上讲就不能使用荒漠化防治法。为此，蔡守秋和张百灵提倡建立防治石漠化的法律体系。[②] 如此一来，针对不同类型的土地退化可能就会出现不同的法律体系，这会给环境法律体系带来额外负担。有的学者则直接突破湿润指数的限制，将湿润地区的一些土地退化也纳入荒漠化的概念。金远亮等称，"南方湿润地区水土流失叠加物理性干旱作用导致的极端土地退化也是一种荒漠化"[③]。究竟何为荒漠化，自然科学和人文社科学者仍在争论。王涛和朱震达总结了国际上一些学者对荒漠化的观点后发现，他们争论的焦点主要集中在荒漠化的成因方面：有的学者认为荒漠化主要是由人类活动造成的，有的学者则认为荒漠化的出现是自然界常见的现象，而有的学者认为自然因素和人为因素共同造成了荒漠化。最后，他们将荒漠化定义为，"干旱、半干旱及部分半湿润地区由于人地关系不相协调所造成的以风沙活动为主要标志的土地退化"[④]。但无论怎样，这些定义

[①] 王瑞恒、孟庆蕾：《浅谈预防中国西北地区土地荒漠化的法律对策》，《环境科学与管理》2007年第4期。
[②] 蔡守秋、张百灵：《防治石漠化法制建设问题与对策研究》，《时代法学》2010第1期。
[③] 金远亮等：《中国南方湿润区"荒漠化"问题讨论》，《地理科学进展》2015年第6期。
[④] 王涛、朱震达：《我国沙漠化研究的若干问题——1.沙漠化的概念及其内涵》，《中国沙漠》2003第3期。

都尚未得到广泛的认可。

国际上,对荒漠化防治集中探讨防治工程技术措施,对法律制度并无深刻论述。仅有的一些外文文献都以《防治荒漠化公约》及相关国际文件、会议为主要研究对象,从国际法的视角来探讨荒漠化防治法律制度。Fuchs 认为,坚实的法律框架是构建稳定荒漠化防治制度的前提。这既可为各种防治措施提供强制力的保障,也可增加各类措施的透明度和连贯性。遗憾的是,《防治荒漠化公约》并没有为此提出实际的举措。它强调,加强各成员国法定的定期报告制度是《防治荒漠化公约》目标得以履行的关键。[①] 有学者认为,人类获得食物和水是其基本人权,并通过保护基本人权的角度为防治荒漠化的正当性进行论证。[②] Danish 分析了《防治荒漠化公约》,他认为,"《防治荒漠化公约》让缔约国下放权力和资源给地方的土地使用者,尤其是那些非政府组织"[③]。他提出了荒漠化防治应遵循国际→国家→地方个人和组织的思路,采取"自下而上"(bottom-up)的原则。这个原则成为国际上认可度较高的荒漠化防治原则。陈德敏和胡耘通就接受了"自下而上"的原则并论述了我国荒漠化防治法制建设的主要思路,提出建立专门的荒漠化防治法,在公众参与过程中加强激励和诱导,发挥环保非政府组织在荒漠化防治中的作用。[④] Yang 和 Wu 从地方知识(local knowledge)的视角切入,论证了荒漠化防治需要坚持"自下而上"原则的原因。因为地方知识长期被认为是低效的、落后的,其在知识驱动的制度变迁的作用下被

[①] Christine Fuchs, *UN Convention to Combat Desertification: Recent Developments*, Max Planck Year Book of United Nations Law, 2008, pp. 287-300.

[②] Secretariat of UNCCD, *Human Rights and Desertification*, 2008.

[③] Kyle W. Danish, "International Environmental Law and the 'Bottom-Up' Approach: A Review of the Desertification Convention", *Indiana Journal of Global Legal Studies*, Vol. 3, 1995.

[④] 陈德敏、胡耘通:《中国防治荒漠化的法律应对——来自 UNCCD 的启示》,《重庆大学学报》(社会科学版)2010 年第 5 期。

长期忽视。[①] 但在荒漠化防治实践中发现，地方知识可以对荒漠化防治中的正式法律法规、行为人和控制方法等制度问题产生了重要影响。[②] Akhtar-Schuster 等对纳米比亚的荒漠化防治进行了案例分析，再次提出荒漠化防治需要各个利益相关方的努力，尤其是非政府组织的作用应该被高度重视。[③] 由此可见，"自下而上"原则被各位学者视为荒漠化防治法的基础性原则。Anton 在《荒漠化、土地退化和可持续性》一书中系统地介绍了欧盟国家荒漠化防治的各类措施和制度，同时也考察了世界其他国家较好的荒漠化防治经验。他指出，无论是欧盟还是其成员国，目前都没有一部专门的保护土壤和防治荒漠化的立法。2006 年，欧盟委员会欲出台一部《欧盟土壤保护法》并为此草拟了《欧盟土壤框架指令》。但是，由于包括德国在内的一些成员国反对，专门性的土壤保护法并未出台，且草拟好的法律文书也被废弃。可以说，欧盟及其成员国和世界绝大多数国家一样，对荒漠化防治采取的是分散式立法，即把相关防治法律制度分散在排污、水资源保护、农业等法律领域。同时，他也肯定了中国在荒漠化防治中取得的进展，认为中国出台了综合性的《土地管理法》。虽然欧盟及其各成员国没有专门的荒漠化防治法，但他在 Hannan 和 Boer 研究的基础上提出了国家土壤保护立法应遵循的 21 条基本原则。这包括对保护土壤的全球性责任、规划和决策中运用生态系统方法、国际合作（全球伙伴关系）、全球土壤健康状况监

[①] L. Yang, J. Wu, "Knowledge-driven Institutional Change: An Empirical Study on Combating Desertification in Northern China from 1949 to 2004", *Journal of Environmental Management*, Vol. 110, 2012.

[②] L. Yang, "Local Knowledge, Science, and Institutional Change: The Case of Desertification Control in Northern China", *Environmental Management*, Vol. 55, 2015.

[③] M. Akhtar-Schuster et al., "Improving the Enabling Environment to Combat Land Degradation: Institutional, Financial, Legal and Science-Policy Challenges and Solutions", *Land Degradation and Development*, Vol. 22, 2011.

测、预防原则、保护生物多样性、污染者付费、信息公开和参与原则,以及发挥妇女、青年和土著人在可持续利用土壤方面的作用,等等。[1] 这些立法原则也为建立健全我国荒漠化防治法律制度提供了大方向的指引。为了找到与我国国情较为接近的成功经验,在与以色列、澳大利亚和美国的防治经验进行比较后发现,美国的国情(人口与国土面积)与我国较为接近。McClure 较为系统地介绍了美国的荒漠化防治情况,他主要从农业、矿业、林业、火灾管理、外来物种等方面进行了政策性分析。他提到,美国自始至终也没有一部专门的荒漠化防治法,涉及荒漠化防治的各项法律制度分散于诸多相关立法中。例如:在草原和牧业方面,有 1934 年颁布的《泰勒放牧法》及其之后的替代性法律——《联邦土地政策和管理法》和《公有荒地促进法》;在矿业方面,有《采矿、矿产政策法》和《露天采矿控制和恢复法》;等等。这些法案中涉及保护地表土壤和植被等方面的规定成为美国荒漠化防治法律制度的重要组成部分。[2]

总而言之,国内外的诸多研究在不同的领域从不同的角度探讨了荒漠化防治法律制度。但是,这些研究仍然存在以下问题,如缺乏从专门的法律视角对荒漠化防治进行综合研究、对荒漠化防治法律制度的系统性研究不足、对荒漠化防治的具体法律制度关注度不够等。这也是本书对荒漠化防治法律制度进行研究的必要性所在。不过,现有的研究也为本书的研究提供了必不可少的理论知识和素材,为进一步研究荒漠化防治法律制度奠定了基础。

---

[1] Anton Imeson, *Desertification, Land Degradation and Sustainability*, Wiley‐Blackwell, 2012, p.214.

[2] B. C. McClure, "Policies Related to Combating Desertification in the United States of America", *Land Degradation and Development*, Vol.9, 1998.

三 主要研究内容

本书主要从荒漠化防治基础理论、我国荒漠化防治法制的主要问题与完善思路、荒漠化防治法制的指导思想与基本原则、荒漠化防治的政府责任制度、荒漠化防治的规划制度、荒漠化的预防制度、荒漠化的治理制度、荒漠化防治的保障制度八个方面对我国荒漠化防治法律制度进行研究。

荒漠化防治的各项具体法律制度一般都是将应对荒漠化的各项具体措施加以法律化而形成的具有体系性的规定。但是，要想有效地防治荒漠化，必须先弄清楚荒漠化防治的对象，即什么是荒漠化、造成荒漠化的主要原因、为什么亟须对荒漠化加以防治等基础性问题。尽管国内外学者对荒漠化的界定存在争议，但本书通过梳理国际组织、规范性国际法律文件、国内相关规范性文件，以及部分学者对荒漠化的界定，并结合我国多年来防治荒漠化的实践经验，可将荒漠化防治法所要防治对象范围确定为《防治荒漠化公约》中的荒漠化、《防沙治沙法》中的土地沙化及分布在湿润指数（年降水量与潜在蒸发散量之比）为 0.05—0.65 地区的水土流失（至今，我国并未公开公布任何干旱、半干旱和亚湿润干旱区的水土流失数据）。这一范围不仅符合我国国情和《防治荒漠化公约》，也符合公众对荒漠化的直观认知，让荒漠化的范围不会因"包罗万象"而使荒漠化防治法失去针对性。综合来讲，造成荒漠化的社会因素远比自然因素复杂得多，而荒漠化对社会和自然环境的反作用也纷繁复杂。在难以厘清的因果循环中，可以概括出两个基本结论：一是荒漠化的成因不仅仅是滥垦、滥牧这些最直接的环境行为那么简单，荒漠化具有综合性的、世界性的复杂成因；二是荒漠化绝不仅仅是一个全球性的环境问题（这点有争议），其本质是蕴含于其综合成因的复杂的社会问题。荒漠化对人类社会产生了巨大的危害，荒漠化防治必要且紧迫。看似缓慢发展的荒漠化对人类社会产生的威胁并不亚于其他环境问题，土地"癌症"的蔓延已经造成触目惊心的破坏。

我国在荒漠化防治法制建设中逐渐形成了"二专多维"的荒漠化防治法律体系，这些重要立法、文件也为荒漠化防治法律制度的创建提供了土壤。尽管取得了如此丰富的立法成果，荒漠化土地扩张也得到了有效的遏制，但荒漠化防治法制建设仍存在诸多问题。总体而言，对于荒漠化防治，目前尚未出台一部专门的法规。承担荒漠化防治任务的法律制度分散在一系列法律、法规、部门规章和政策性文件中。这导致我国荒漠化防治法制存在以下两个宏观问题：一是荒漠化防治法制的体系性严重不足，甚至不同的法律及规范性法律文件之间还存在冲突；二是荒漠化防治管理体制不完善。针对这两个问题，本书提出完善我国荒漠化防治法制的主要思路：首先，增强我国荒漠化防治法制的体系化，使各法律制度之间协调一致；其次，理顺我国荒漠化防治的管理体制；最后，建构并完善我国荒漠化防治的重要具体法律制度。基于这一思路，本书主要对我国荒漠化防治的各项具体法律制度加以梳理、总结、建构和完善。

澄清我国荒漠化防治法制的指导思想和基本原则，可以使荒漠化防治具体制度的研究更加有的放矢。荒漠化防治法制的指导思想实际上就是荒漠化防治法制所要实现的主要目的。这一目的在具体的立法过程中被细化为荒漠化防治法制的基本原则及一系列基本制度。荒漠化防治法制的指导思想实际上就是预防和治理土地的荒漠化。为了实现预防和治理土地荒漠化这一目的，在荒漠化防治实践中必须遵循一系列原则，这些原则体现在荒漠化防治法制中，就应该是荒漠化防治法制的基本原则。基于此，我国荒漠化防治法制的基本原则可归纳为以下五项：预防为主、防治结合、合理利用原则，尊重生态规律、因地制宜、科学防治原则，政府主导、公众参与原则，协调合作、尊重权益原则，照顾贫穷落后地区居民利益原则。

荒漠化的特性决定了只有政府才能主导荒漠化防治工作。我国的荒漠化防治立法也将防治责任指向政府。目前，我国荒漠化防治的政府责任存在诸多不足，如与荒漠化防治相关立法对政府责任的规定不清、任期目标责任考核制对政府履责的激励不强、中央环保督察对荒漠化防治的督政效果不佳等。基于此，本书认为我国荒漠化防治政府责任应当从以下三点进行完善：一是立法明确荒漠化防治的主导责任及其主体，二是健全荒漠化防治任期目标责任考核制，三是完善中央环保督察制。

政府主导的荒漠化防治工作必须做到规划先行。正是在这个意义上，荒漠化防治规划实际上也是预防原则的一种体现，在本质上应当属于荒漠化防治中的预防性制度。但是，由于规划本身在荒漠化预防实践和治理实践中都起到极其重要的指导作用，并且规划制度与一般的预防性制度存在差异，因此在将荒漠化预防制度和荒漠化治理制度分列的情况下，有必要将荒漠化防治的规划制度单独加以论述。在现实中，由于荒漠化防治相关规划出自不同的行政主管部门，编制的依据、术语、基础数据、起始时间及规划时间也都不同，进而在实现荒漠化防治这一目标上存在一定的冲突。因此，在多规合一的背景趋势下，基于多规合一的理论研究和实践经验，本书对我国荒漠化防治规划制度的完善提出以下三个方面的建议：一是明确目标。充分发挥国民经济与社会发展总体规划的定目标与统领指导作用，将荒漠化防治的总体目标明确写入国民经济与社会发展总体规划。二是划底线和定坐标。充分发挥《全国主体功能区规划》在全国空间规划上的指导与约束作用，在此基础上制定环境保护规划，并将需要防治的荒漠化土地通过生态保护红线制度纳入环境保护规划。三是建立沟通协调机制。在荒漠化防治目标明确、坐标与底线清晰的前提下，于相关规划的编制、审批、实施等过程中建立有效的沟通衔接机制，确保荒漠化防治目标的最终实现。

根据国内外相关规范性法律文件的规定，荒漠化的预防制度既包括各项环境保护制度在荒漠化防治领域的应用，如环境影响评价制度、生态保护红线制度、监测预警制度等；也包括荒漠化防治的特殊预防性制度，如林草禁限制度、畜草平衡制度等。如果想通过环境影响评价制度对森林、草原和土地进行保护，进而对荒漠化进行防治，就必须把造成森林、草原和土地的影响作为有关建设项目和规划的环境影响的一部分，并通过环境影响评价法实现对森林、草原和土地的保护。在荒漠化监测预警制度方面，一是要加快完善相关单行法中的监测预警制度，没有规定监测预警制度的单行法如《森林法》，应采用修法的方式增加监测预警制度的规定，已经规定了监测预警制度但不完善的单行法如《防沙治沙法》《水土保持法》《草原法》等，应通过修法或出台实施条例进一步充实完善。二是要建立相关各单行法规定的监测预警制度之间的沟通协调机制，建立监测信息共享制度，使各监测主体掌握的第一手监测信息能够在不同的行政主管部门之间相互传达，以达到共同应对荒漠化的目的。在禁限制度方面，于实际的立法活动中，一方面，要平衡好私人利益与公共利益之间的冲突，对私人利益的限制应当以必要为原则，并且随着环境资源要素的变化、荒漠化防治客观情况的变化和荒漠化防治的压力与紧迫性的变化，对禁限措施的规定也应当有所增减和变化；另一方面，出于荒漠化防治的目的，各单行法规定的各种禁限措施应当协调一致、相互促进，避免出现冲突，以便形成合力。畜草平衡制度是从草原的载畜量的角度衡量和限制牧民的牲畜总量。该制度要想在实践中有效保护草原、防止草原退化，重点要做好以下四个方面的工作：首先，科学测定草原的载畜量，即草原所能供养的牲畜总数量；其次，根据每户牧民承包经营的草原面积，确定其承包经营的草原的载畜量；再次，如果某户牧民的牲畜总量超出其承包经营的草原的载畜量，应当提供其所缺草量的合法来源证明（如购买草料的合同、与其他牧民签订的草原使用协议等），否则承担相应的法律责任；最后，县级以上草原行政主管部门要根据客观自然情况的变化做好草原载畜量的变动核定工作，同时，对牧民是否遵守草原载畜量开展监督，对违法者进行行政处罚。随着我国生态保护红线制度的不断成熟，将来应当在荒漠化防治相关法律中明确规定生态保护红线制度。为此，应做出以下三个方面的努力：第一，明确荒漠化防治相关法律中划定的生态保护红线的范围，确定生态保护红线的划定标准和划定程序。第二，明确荒漠化防治相关法律中生态保护红线的调整机制。第三，强调荒漠化防治生态保护红线的落实。总之，荒漠化的预防制度是一个制度体系，其中包括诸多具体的能够起到预防荒漠化作用的法律制度。随着荒漠化应对措施的创新发展，其防治法律制度也会不断完善，并且还会出现新的荒漠化预防制度。荒漠化的预防制度实际上是一个开放的制度体系，是预防荒漠化的制度"工具箱"，这一"工具箱"也能够为人们提供丰富多样的预防荒漠化的制度工具。

治理一般包括治理的主体及其责任、治理对象和客体、治理措施和机制三个方面的内容。就荒漠化治理而言，治理的对象和客体比较明确，无须专门论述。故主要对荒漠化治理的主体及其责任、治理措施和机制两个方面的内容进行梳理和论述。从《防沙治沙法》、《水土保持法》、《中华人民共和国水土保持法实施条例》（以下简称《水土保持法实施条例》，现已废止）、《国务院关于进一步加强防沙治沙工作的决定》（以下简称《防沙治沙决定》）、《省级政府防沙治沙目标责任考核办法》（以下简称《防沙治沙考核办法》）等规范性法律文件对我国荒漠化治理的主体及其责任的规定来看，我国规范性法律文件对荒漠化治理主体的规定已经非常全面，包括各级人民政府、行政主管部门、企事业单位、自然人。在某种意义上，所有的社会主体都是我国荒漠化治理的合法主体。这一点与我国目前在环境资源治理领域倡导的充分发挥政府主导责任、企业主体责任和社会公众的广泛参与相结合的多元治理体系相一致。党的十九大报告明确指出，我国要建立政府为主导、企业为主体、社会组织和公众共同参与的环境治理体系。需要指出的是，有关防沙治沙和水土保持的规范性法律文件并没有明确规定社会组织（环保非政府组织）在荒漠化治理中的主体地位和作用。对此，可从两个方面加以弥补：其一，社会组织可以按照《防沙治沙法》和《水土保持法》的规定，通过自愿性协议对荒漠化的土地进行治理，从而实现社会组织的荒漠化治理主体地位及其责任；其二，通过《中华人民共和国民事诉讼法》（以下简称《民事诉讼法》）、《环境保护法》等关于环境民事公益诉讼制度的规定，使符合条件的环保非政府组织对造成荒漠化的直接责任者提起环境民事公益诉讼，要求致害者修复荒漠化的土地，从而实现社会组织在荒漠化治理中的主体地位及作用。在实践中，荒漠化治理的具体措施多种多样。总的来说，无论采取何种治理措施，都既离不开对科学的尊重，也离不开对荒漠化地区人们生活需求的尊重。唯有将二者有效地结合起来，使二者相互促进，方能使荒漠化治理达到标本兼治的效果。基于此，我国《防沙治沙法》《水土保持法》及其相关规范性法律文件规定了一系列荒漠化治理措施，如植树造林、人工种草、封沙育林育草、退耕退牧还林还草、生态移民、生态补偿等。但这些具体的治理制度还存在一些不足，需要进一步改进和完善。

对荒漠化进行防治不仅需要政府的积极主导、合理规划，以及一系列的预防措施和治理措施，而且需要大量的人力、物力、财力的投入作为支持和保障，否则理论上再好的防治措施也无法得到很好的落实。因此，本书主要从技术、资金、公众参与等方面对荒漠化防治的支持与保障制度加以论述。从总体上看，防沙治沙科技和水土保持科技直接作用于荒漠化的防治，而森林科技和草原科技尽管并非全部直接服务于荒漠化防治，但也有助于土地荒漠化的防治。因此，荒漠化科技保障措施应当将森林科技保障和草原科技保障也纳入其中。但是，无论具体的科技领域如何，其相应的科技保障思路和逻辑都具有一致性，即包括以下三个方面：第一，增强荒漠化防治的科学技术研究，集中解决荒漠化防治中的关键难题，促进荒漠化防治的理论创新和科技进步，具体措施包括创建科研平台、联合科研攻关、增加科研经费投入、改善科研管理体制、重视科研人才等。第二，推动荒漠化科技成果在荒漠化防治实践中的应用和推广，将科研成果转化为荒漠化防治的实践能力，以实现对土地荒漠化更好更快地防治，主要措施包括建立和完善荒漠化防治技术推广体系、增强科研单位的成果转化意识、建立科研成果推广实践示范区域、优化科研成果向实践领域推广转化的激励机制等。第三，促进荒漠化防治科技人员的培养，不仅使荒漠化防治科研后继有人，而且促进荒漠化防治科研成果的普及推广和应用，主要措施包括增强荒漠化防治科研院所的教育功能、建立荒漠化防治科技企业、培训基层荒漠化防治技术人员、对广大农牧民进行荒漠化防治技术培训等。我国荒漠化防治领域的资金主要源于政府的财政投入，另外，还有部分资金源于社会主体投资，以及缴纳的补偿费。从经费使用的性质来看，我们可以把政府财政投入和征收的补偿费等纳入政府管理的资金类型，而社会主体的投资由社会主体自主支配。对于政府管理的资金，一方面，要确保政府的稳定投入，想方设法扩展政府的筹资渠道，扩大资金的来源；另一方面，要完善资金的管理、应用和监督。相比而言，森林资源保护领域的基金制度较具优势，不仅可以确保专款专用，而且有相关主体专门负责管理，以确保资金的稳定性，实现基金的营收、合理使用和有效监督等。因此，可以学习森林领域的基金制度，建立我国的防沙治沙专项基金、水土保持专项基金、草原建设保护专项基金等，实现荒漠化防治的资金保障。对于社会主体进行的荒漠化防治投资，政府应当尽力采取各种优惠、扶持、激励措施，充分利用市场机制，调动社会主体投资进行荒漠化防治的热情，拓宽社会主体的投资渠道，保障荒漠化防治的资金充足。我国有关荒漠化防治的规范性法律文件在对社会公众参与保障方面的规定存在不一致性，基于我国荒漠化防治法律的体系化考虑，对于相关法律关于荒漠化防治中社会公众参与的保障措施而言，应当进行以下四个方面的完善：第一，普遍规定参与荒漠化防治是一切公民的责任和义务。国家要加大对社会公众的荒漠化防治方面的宣传和教育力度，提高社会公众的荒漠化防治意识和认知水平。第二，强调国家、政府对荒漠化防治工作中有突出贡献的社会公众进行奖励和表彰。为了增加奖励和表彰规定的可操作性，应当对此规定在相应的实施细则中作进一步细化，明确表彰和奖励的形式、数量、等级，以及表彰和奖励的实施主体等。第三，充分发挥行政和市场两种机制，切实提高参与荒漠化防治的社会公众的利益待遇，增强其参与的积极性。第四，增强社会公众对荒漠化防治的监督性参与。

部分学者希望借鉴《防治荒漠化公约》及国外相关立法经验对我国的荒漠化防治法制加以完善，但总体而言，域外荒漠化防治法制对我国的借鉴意义都不大。正因如此，本书并未将国际荒漠化防治的经验纳入我国荒漠化防治法制建设。

四 主要创新及不足

荒漠化防治政府责任研究主要对我国荒漠化防治政府责任制度进行系统论述，并对其中存在的问题进行有针对性的研究，进而提出相应的完善对策和建议。本书的创新点主要体现在两个方面：一是对我国荒漠化防治法律制度进行系统研究，具体包括指导思想与原则、政府责任、荒漠化防治规划、荒漠化预防制度、荒漠化治理制度和荒漠化防治的保障制度；二是对荒漠化防治的各项具体制度进行深入研究，针对其存在的不足，提出改进和完善的建议，如荒漠化防治的政府责任制度、荒漠化防治的规划制度、畜草平衡制度、生态移民制度等。

但是，本书也存在以下两方面的不足：一是对国外荒漠化防治相关法律实践缺乏深入了解和掌握，二是对我国荒漠化防治的部分法律制度的研究还有待进一步深入。这也为今后的研究指定了更加明确的任务，并在现有研究的基础上，更有针对性地对荒漠化防治法律制度做进一步深入研究。

第一章　荒漠化防治基础理论

荒漠化防治法律制度旨在通过法律手段防治荒漠化，其要解决的现实问题是荒漠化问题。如果不先弄清楚荒漠化的界定、原因、危害等基础理论问题，那么制定针对荒漠化防治的法律制度就无从下手。

一　荒漠化的界定

明确荒漠化的概念是开展荒漠化防治法律制度研究的第一步。我国目前不存在专门的荒漠化防治法，所以从严格意义上讲，荒漠化的概念在我国环境法领域还处于未定状态。《防治荒漠化公约》在国际法律层面给荒漠化作了一个界定，但这种界定并不完全符合我国国情。因此，确定荒漠化的概念，是完善我国荒漠化防治法律制度的前提。正如美国著名法理学家博登海默所言，"没有限定严格的概念，我们便不能清楚地和理性地思考法律问题"[①]。法律概念是对相关法律现象的本质最为精练的归纳和概括，不仅有利于人们对法律的掌握和传播，而且便于法律对纷繁复杂且动态变化的社会现象进行调整，以此给人们提供简洁而准确的行为准则。因此，对荒漠

[①] ［美］E. 博登海默：《法理学：法律哲学与法律方法》，邓正来译，中国政法大学出版社2017年版，第502页。

化的法律概念进行界定和把握是我们用较为简洁的方式把握和处理荒漠化防治法律事务的必要工具。

(一) 国际组织和机构对荒漠化的界定

"荒漠化"一词的首次提出是在1927年，法国科学家Lavauden在研究非洲撒哈拉地区的论文中写道："荒漠化……是纯粹人为导致的，它仅仅是人类行为产生的恶果。"① 此后，另一位法国植物学家Aubreville于1947年深入研究了西非和中非地区的用火情况和防火政策，他认为当地的气候非常适合树木的生长，连续的森林覆盖率远远不够，这说明决定森林覆盖率的是人类的破坏行为。② 他将这种由森林、草原、荒漠的正序演变过程称为荒漠化，"荒漠化"一词由此得以广泛流传。③

1977年，联合国召开了联合国防止荒漠化会议。此次会议的目的有两个：一是让人们对荒漠化和干旱有一个科学的认识，也让人们了解荒漠化和干旱给社会带来的严重影响和经济后果；二是减缓荒漠化进程并促进荒漠化地区的发展。此次会议的召开使荒漠化成为国际社会关注的重要环境问题之一。尽管如此，由于相关领域的科研人员科研背景的差异，以及所关注的侧重点不同，荒漠化的概念始终无法达成统一。相反，随着研究的推进，各学科专家赋予了荒漠化100多种不同的概念④。在此，主要列举具有典型性的国际组织和机构对荒漠化的界定（见表1-1）。

---

① W. G. Kepner et al., *Desertification in the Mediterranean Region: A Security Issue*, Springer, 2003, p. 12.

② Clive A. Spinage, *African Ecology-Benchmarks and Historical Perspectives*, Springer, 2011, p. 232.

③ Peter Hough, *Environmental Security: An Introduction*, Routledge, 2014, p. 95.

④ Glantz M. H., N. S. Orlovsky, "Desertification: A review of the Concept", *Desertification Control Bulletin*, Vol. 9, 1983.

表 1-1　　　　　　　国际组织和机构对荒漠化概念的界定

年份	出处	定义	主导因素
1976	瑞典自然科学研究理事会	荒漠化或干旱、半干旱生态系统的退化是植物和动物群落的逐步分解。最初的表现是部分物种在生态系统的大范围减少。在陆地生态系统中，这一过程通常是通过主要物种的丧失和新物质的侵入而导致的土壤退化。当植被密度降低时，某些土壤和气候条件也可能导致荒漠化。气候和其他物理因素可能导致生态系统暂时恶化，降低其生产力和生物多样性	自然因素
1977	《联合国防治荒漠化行动计划》	荒漠化是土地生物潜力的减少或破坏，其最终可能导致类似沙漠景观的出现。这是生态系统普遍退化的一个方面；当为了满足不断增长的人口需求以寻求发展而增加生产力时，荒漠化就已经减少或破坏了生物潜力，如植物和动物的再生产能力。在当代社会，荒漠化的成因和影响交错复杂，这要求人类在人口增长和人口变化的大背景下，努力寻求发展，增加粮食产量，适应并使用有关水的技术	双重因素
1982	联合国环境规划署/联合国粮食及农业组织	荒漠化是由经济、社会和有关自然因素共同造成的一种综合现象。在这些发展过程中，人类在土壤和/或气候干旱的地区破坏了土壤、植被、空气和水的平衡。持续的退化导致土地生物潜力的减少或破坏、生活条件的恶化及沙漠景观的增多。荒漠化是自然过程的结果，同时也是由人类和动物的压力造成的结果，但只有通过人类的活动才能减慢和停止	双重因素
1990	联合国环境规划署	在评估的范围内，荒漠化/土地退化是干旱、半干旱和亚湿润干旱地区的土地退化，这是由人类的不利影响造成的。在这个概念中，土地包括土壤、当地水资源、地表和植被或农作物。退化意味着通过作用于土地的一个或多个过程的组合减少资源潜力。这些过程包括水蚀、风蚀和相关物质的沉降，也包括天然植被多样性数量的长期减少，以及相关的盐渍化和沙化	人为因素
1991	联合国环境规划署	荒漠化主要是由人类因素的不利影响造成的干旱、半干旱和亚湿润干旱地区的土地退化	人为因素

续表

年份	出处	定义	主导因素
1994	《防治荒漠化公约》	荒漠化是由包括气候变异和人类活动在内的种种因素造成的干旱、半干旱和亚湿润干旱地区的土地退化。"干旱、半干旱和亚湿润干旱地区是指年降水量与潜在蒸发散量之比在0.05—0.65的地区，但不包括极区和副极区。"土地退化是由使用土地或由一种营力抑或数种营力结合致使干旱、半干旱和亚湿润干旱地区雨浇地、水浇地或草原、牧场、森林和林地的生物或经济生产力和复杂性下降或丧失，其中包括：风蚀和水蚀致使土壤物质流失，土壤的物理、化学和生物特性或经济特性退化，自然植被长期丧失	双重因素

资料来源：笔者自制。

从这些具有典型代表意义的荒漠化定义我们不难发现，尽管不同的机构及其制定的文件对荒漠化的表述不一致，但这些界定所共同认可的荒漠化实际上就是土地退化，它们的分歧主要在于荒漠化的主要成因。

（二）我国相关文件对荒漠化的界定

"荒漠化"一词作为一个舶来品，与中国本土土地退化类型存在一定的重叠与冲突。在我国加入《防治荒漠化公约》之前，"荒漠化"一词鲜有出现在国内学界。无论是民间学者还是我国官方，都将"Desertification"译作"沙漠化"而非"荒漠化"，所以荒漠化概念在我国首先存在的问题是翻译错误。有趣的是，在"Desertification"的中文翻译纠正为"荒漠化"后，"沙漠化"的概念仍被保留下来，成了与荒漠化既有联系又有区别的土地退化类型。此外，土地沙化、水土流失是我国本土学术界更为常用的概念，加上近期出现的石漠化和红漠化，更让荒漠化的概念扑朔迷离。

时至今日，在我国相关法律、规划和政策文件中也较少提及荒漠化，有时仍用沙漠化指代荒漠化，更多的时候提及的是土地沙化。就连由全国人大出台的各种环境保护单行法中，也只有一部《土地管理法》明确提及荒漠化。国内法律政策文件提及荒漠化，主要是为了履行《防治荒漠化公约》缔约方的义务。国内各种不同表述致使荒漠化和其他相关概念重叠冲突，防治荒漠化与防治土地沙化、水土流失、沙漠化互相指代（见表1-2）。这种混乱状况既不利于我国的荒漠化防治法制与国际接轨，也致使我国荒漠化防治法制所要防治的对象混乱不清。

表1-2　　　　　　　我国对荒漠化及类似土地退化的定义

名称	定义	出处
荒漠化	包括气候变异和人为活动在内的种种因素造成的干旱、半干旱和亚湿润干旱区的土地退化。这些地区的退化土地为荒漠化土地	《中国荒漠化和沙化状况公报》
沙化	1. 各种气候条件下，由于各种因素形成的、地表呈现以沙（砾）物质为主要标志的土地退化[①]。具有这种明显特征的退化土地为沙化土地 2. （不是指土地沙化而是指土壤沙化）土壤的物质组成中较小的颗粒的减少、有机质的损失、较粗大（沙）物质相对集中的过程	《中华人民共和国防沙治沙法释义》
沙漠化	1. 景观或地理环境向类似沙漠的土地退化过程，是一个地理景观变化（环境、植被、水等）的过程 2. 土地沙漠化是指在干旱多风的沙质地表条件下，由于人为强度活动，破坏脆弱生态系统的平衡，造成地表出现以风沙活动为主要标志的土地退化	陕西省人民政府办公厅关于印发《陕西省生态功能区划》的通知

---

① 这里的土地退化是指可以发生在"各种气候条件下"（包括湿润地区）的土地退化，属于广义的土地退化。它同《防治荒漠化公约》中的土地退化概念存在区别。

续表

名称	定义	出处
土地沙化	1. 由气候变化和人类活动导致的天然沙漠扩张和沙质土壤上植被破坏、沙土裸露的过程	《中华人民共和国防沙治沙法》
	2. 主要由人类不合理活动导致的天然沙漠扩张和沙质土壤上植被及覆盖物被破坏，形成流沙及沙土裸露的过程	
沙化土地	包括已经沙化的土地和具有明显沙化趋势的土地。具体范围由国务院批准的全国防沙治沙规划确定	
水土流失	在水力、风力、重力及冻融等自然力和人类活动作用下，水土资源和土地生产能力的破坏和损失，包括土地表层侵蚀及水的损失	原国家林业局关于编制《长江流域防护林体系建设三期工程规划》有关问题的通知（一）

资料来源：笔者自制。

在我国的相关文件及研究文献中，荒漠化与沙漠化、土地沙化密切联系。我国自20世纪50年代末以来就已经重视北方地区沙漠化（desertization 或 sandy desertification）的研究。地质学家竺可桢将沙漠化定义为"由于人为的原因，把不应该成为沙漠的地方破坏成沙漠"，这些沙漠就是"人造沙漠"。有关沙漠化概念的定义，学术界也始终未达成共识。不少学者提出的沙漠化概念，在沙漠化发生的时间、空间、成因、景观、发展趋势和结果等方面都存在或大或小的出入。其中，对沙漠化影响较大的代表人物分别是王涛和朱震达及吴正。王涛和朱震达将沙漠化定义为"在干旱、半干旱及部分半湿润地区由于人地关系不相协调所造成的以风沙活动为主要标志的土地退化"[①]；吴正则认为沙漠化是"在干旱、半干旱和部分半湿润地区，由于自然因素或受人类活动的影响，破坏了自然生态系统

---

① 王涛、朱震达：《我国沙漠化研究的若干问题——1. 沙漠化的概念及其内涵》，《中国沙漠》2003年第3期。

的脆弱平衡，使原非沙漠的地区出现了以风沙活动为主要标志的类似沙漠景观的环境变化过程，以及在沙漠地区发生了沙漠环境条件的强化与扩张过程"[1]。可见，他们对沙漠化理解的主要差异在于沙漠化的成因是否一定需要人为因素的参与，而分布的区间（干旱、半干旱和半湿润）同《防治荒漠化公约》的规定基本一致。

在国内，除了沙漠化概念与荒漠化较为接近且容易导致混淆，最常出现在官方法律、政策等文件中的土地沙化概念也与荒漠化概念有重合。为了体现对《防治荒漠化公约》的重视及履行缔约方的责任，我国在加入该公约后开展了防治荒漠化的国内立法。《防沙治沙法》被不少国内外学者誉为"世界上第一部防治荒漠化的专门立法"，但该法通篇未提及"荒漠化"和"沙漠化"，取而代之的是"土地沙化"这样的字眼。由此可以推论，立法者很有可能是将土地沙化与荒漠化等而视之了。虽然如此，在防治实践中我国仍然全盘接受了《防治荒漠化公约》对荒漠化的定义并将防治荒漠化和防沙治沙并重，已发布的五份《荒漠化和沙化公报》可以充分证明这一点。

（三）本书对荒漠化的界定

虽然荒漠化的概念在自然科学界仍未达成共识，但一个不争的事实就是荒漠化属于一种不利的环境过程[2]。面对国内外干旱地区土地的持续退化，法律应该使这种不利的环境过程得到控制，不应该因荒漠化概念的不成熟而裹足不前。荒漠化防治法律制度可以结合荒漠化的自然科学知识，以及法学自身的特点，最大限度地确定法律意义上荒漠化概念的内涵与外延。

---

[1] 吴正：《风沙地貌学》，科学出版社1987年版，第4—5页。
[2] Mnsur, Shaban Emhamed Abdsmad, *An Evaluation of Land Degradation and Desertification in the Jeffara Plain in Libya*, Sheffield Hallam University, 2014.

"环境科学是环境立法的自然科学基础……但是环境法中的环境概念与环境科学中的环境概念是有区别的。""环境法中的环境……是环境科学所要研究的环境中需要环境法加以保护……的环境……是'法律的效力所能及'的那一部分环境。"① 由此可见，荒漠化防治法中的"荒漠化"首先应以自然科学中的荒漠化为科学基础，其次是荒漠化防治法能防治的那一部分荒漠化。实际上，荒漠化绝不仅仅是一种自然科学意义上的地理景观，荒漠化与环境污染及生物多样性减少一样，主要是人类行为造成的环境问题。在我国环境法学界对荒漠化研究文献的数量中可以发现，荒漠化作为环境法的重要防治对象之一被严重忽略。环境法学作为一个与多种学科相交叉的法律学科，应以自然科学、生态学和环境科学的原理与知识为认知基础。②

自然科学界对荒漠化概念争论的焦点之一便是荒漠化的成因，但法律的调整对象是社会关系，社会关系产生于人的行为之中，因而荒漠化防治法保护的应该是由人的行为导致的荒漠化土地。荒漠化防治法制毫无疑问只能是防治由人的行为导致的荒漠化，这种荒漠化必须是有人的行为参与其中的荒漠化。那些完全由自然因素导致的荒漠化是荒漠化防治法力有未逮的。不过，在进入"人类世"（anthropocene）之后的当今世界，是否存在完全由干旱或其他自然因素导致的荒漠化是存疑的。现在科学家有足够的证据证明，干旱、洪涝和人类导致的气候变化有着密不可分的联系，可以说人类施加给气候的影响同自然的原始能力耦合在一起而难以明确分开。因此，只要是出现荒漠化的地区都离不开人类的影响，进一步说都可以纳入法律的防治范围。《防治荒漠化公约》较为科学地定义了荒漠化，

---

① 徐祥民：《环境与资源保护法学》，科学出版社2013年版，第3页。
② 徐祥民：《环境与资源保护法学》，科学出版社2013年版，第25—31页。

但不应忽视的是该公约主要是为了防治非洲干旱地区的荒漠化而制定的。因此，该公约中的荒漠化概念具有十分明显的针对性。此外，荒漠化虽然是一个具有全球影响的环境退化问题，但和全球性的气候变化不同，荒漠化的区域性地理差异更为明显。因此，能否将联合国的荒漠化概念作为世界通用的概念来定义各地区的荒漠化，需要结合当地的特殊情况进行考量。

我国官方在防治荒漠化的实践中通常将荒漠化划分为四个类型，即水蚀荒漠化、风蚀荒漠化、冻融荒漠化和土壤盐渍化，这在多份《荒漠化和沙化公报》中均有体现。1998年，中国荒漠化监测中心对荒漠化进行了更细致的分类：一是根据荒漠化的成因，将其分为风蚀荒漠化、水蚀荒漠化、水渍荒漠化、盐渍荒漠化、工程荒漠化（主要由人类经营活动作用引起）、植被退化荒漠化（主要由气候干旱引起）；二是根据土地利用类型，将其分为耕地荒漠化、林地荒漠化和草地荒漠化三种。[①] 为了与国际荒漠化概念接轨，以风沙活动为重要表现形式的沙漠化（又称风蚀荒漠化或狭义荒漠化），在诸多学者的探讨中最终被纳入荒漠化的概念[②]。这基本上解决了沙漠化与荒漠化的关系问题。

由于我国没有专门的荒漠化防治法规，厘清《防沙治沙法》中的土地沙化和《防治荒漠化公约》的荒漠化二者之间的关系仍然是必要的。鉴于《防沙治沙法》与荒漠化的密切关系，防沙治沙也常被解读为防治荒漠化。通过原国家林业局主编的《荒漠化和土地沙化图集》和历年发布的《荒漠化和沙化公报》可以看出，荒漠化和土地沙化之间既有区别又相互联系。从《荒漠化和土地沙化图集》

---

① 张煜星、孙司衡：《〈联合国防治荒漠化公约〉的荒漠化土地范畴》，《中国沙漠》1998年第2期。

② 王涛、朱震达：《我国沙漠化研究的若干问题——1.沙漠化的概念及其内涵》，《中国沙漠》2003年第3期。

可以看出，我国的荒漠化土地和沙化土地有很大部分是重合的，荒漠化主要集中于我国的北方地区。第四次监测发布的《荒漠化和沙化公报》也显示，我国南方的湿润沙化土地分布广泛，面积达0.88万平方千米，涉及地区包括福建、广东、江西、湖北、浙江等12个省份的260个县市区。[1] 因此，荒漠化和土地沙化是相交的关系。不过，《防治荒漠化公约》虽然规定了荒漠化发生的地区受降水量与潜在蒸发散量之比的限制，但也要考虑各地区的特殊性。"列入行动方案的要点应有所选择，应适合受影响国家缔约方或区域的社会经济、地理和气候特点……"[2] 这说明各国可以结合自身自然和社会的特点，制定具有特殊性的荒漠化防治法律制度。此外，该公约的附件二——《亚洲区域执行附件》中的许多规定也明显考虑了许多亚洲地理和气候的特殊性，如"根据亚洲区域的具体情况""这些地区的气候……千差万别""缔约方可按照各自情况……"[3]。那么，将土地沙化作为中国特色荒漠化具有一定的合理性。

值得注意的是，我国独创的"水土流失"（soil and water loss）的概念范围与荒漠化也存在大面积重叠。水土流失的概念是中国首先提出的，而国外一般将类似概念称为土壤侵蚀（soil erosion）。关于水土流失，其概念的争论同荒漠化的概念一样众说纷纭。《中国水利百科全书》将水土流失定义为在水力、重力、风力等外营力作用下，水土资源和土地生产力的破坏和损失，包括土地表层侵蚀及水的损失，也称水土损失。土地表层侵蚀是指在水力、风力、冻融、重力、及其他外营力作用下，土壤、土壤母质及岩屑、松软岩层被破坏、剥蚀、转运和沉积的全部过程。而且，水土流失也被分为水

---

[1] 有一点需要引起注意，即《中国荒漠化和沙化状况公报》中将一些纯自然原因的沙化土地也纳入了统计，然而天然形成的沙化土地是无法防治的（如塔克拉玛干沙漠的大部分地区）。
[2] 《联合国防治荒漠化公约》第15条。
[3] 《联合国防治荒漠化公约》附件二的第1、第2、第4条。

蚀、风蚀和冻融三种类型。由此可见，水土流失同荒漠化存在大量交集，尤其是在黄土高原地区，所以有学者直接将黄土高原水土流失的终极表现描述为"荒漠化景观"[①]。此外，水土流失还突破了湿润指数的限制，进而与土地沙化和主要发生在我国南方地区的红漠化和石漠化相重叠。

总体而言，想要通过荒漠化和相关概念的定义及其分布范围确定它们之间的区别是十分困难的。例如，风蚀荒漠化不仅是沙漠化，也有可能是土地沙化和风蚀水土流失，而水蚀水土流失又与水蚀荒漠化、石漠化和红漠化之间存在相交关系。因此，在自然科学界对这些土地退化概念没有清晰地下定义之前，较为稳妥的办法即采纳《防治荒漠化公约》中所达成的共识。该公约对荒漠化概念所下的定义包括三个核心要素：一是引起荒漠化的因素是双重的，包括人为因素（人类活动）和自然因素（气候变异）；二是荒漠化只发生在干旱、半干旱和亚湿润干旱地区，而不发生在湿润地区；三是荒漠化属于土地退化的一种类型。虽然《防治荒漠化公约》有很强的针对性，也规定了各缔约方可以不在"什么是荒漠化"这个问题上"一刀切"，但在荒漠化成因的双重属性上最终应该达成共识。我国作为《防治荒漠化公约》的缔约方，在国内立法上理应采纳该公约对荒漠化的定义，但实践中应以防治土地沙化（防沙治沙）为主。近年来，有的学者甚至主张将南方湿润地区的石漠化、红漠化也归入荒漠化的概念，这无疑会使荒漠化防治法的防治对象范围过于庞杂而失去针对性。无论是荒漠化、沙漠化、石漠化、红漠化，还是水土流失、土地沙化等，它们都是广义上的土地退化，应纳入土地退化防治法而不是荒漠化防治法。

---

① 周忠学、孙虎、李智佩：《黄土高原水蚀荒漠化发生特点及其防治模式》，《干旱区研究》2005年第1期。

1996年,《防治荒漠化公约》中国执行委员会（CCICCD,以下简称"中国执行公约委员会"）发布了首个《中国防治荒漠化国家行动计划》,其将水土保持作为防治荒漠化的手段,并且将《水土保持法》作为防治荒漠化的基本法律之一。可见,水土流失也是防治荒漠化的重要组成部分。各种类型的土地退化都是由自然和/或人为因素导致的,法律力所能及的部分主要是规制人类导致荒漠化的行为。在防治土地退化的实践中,各种防治手段和制度建设具有极强的相似性,所以防沙治沙也会使荒漠化和水土流失的面积缩减。例如,植树造林、退耕还草、草畜平衡及扶贫制度,不仅是荒漠化防治中必不可少的措施,也是防沙治沙、水土保持所必需的。2017年,中国执行公约委员会发布了《中国关于自愿设定土地退化中性目标方案的最终报告》,其直接将《防沙治沙法》译为 *Law on Desertification Control*。这意味着中国在国际层面承认了土地沙化为中国特色荒漠化。虽然荒漠化的概念仍扑朔迷离,但结合我国多年来防治荒漠化的实践可暂将《荒漠化防治法》防治的对象范围确定为《防治荒漠化公约》中的荒漠化、《防沙治沙法》中的土地沙化,以及分布在湿润指数为 0.05—0.65 地区的水土流失。这个范围不仅符合我国国情和《防治荒漠化公约》,也符合公众对荒漠化的直观认知。只有这样,《荒漠化防治法》才不会因荒漠化模糊的概念而缺乏针对性。

二 荒漠化的主要成因

在厘清了荒漠化的基本概念之后,我们需要回答的下一个问题是荒漠化的成因。只有明确了荒漠化的成因,才能够更好地应对和防治荒漠化,才能使荒漠化防治法律制度更好地发挥防治荒漠化的作用。

荒漠化的过程与人类历史的发展有着十分密切的关系,可以说荒漠化的演变是伴随整个人类发展历程的。荒漠化的成因必须最先考量人口要素：世界人口数量从新石器时代的约100万增加到19世纪中叶的10亿，再到20世纪90年代的60亿。技术的进步促使人口数量激增，同时也为人类提供了可以导致土地荒漠化的工具和手段。可以说，自从人们开始利用火提高放牧效率、提高农作物产量和驯化牲畜，土地退化和荒漠化就发生了。人口数量、技术和文化的综合影响使荒漠化和土地退化成为一个既迫切又棘手的问题。[①]《防治荒漠化公约》认为荒漠化是由人为因素和自然因素共同导致的，实际上不可持续的土地利用方式才是荒漠化最重要的原因，而自然因素只是导致荒漠化的一个基本前提。人类对粮食、饲料、燃料和原材料不断增长的需求给土地造成了沉重的压力，也使自然资源趋于耗竭。虽说一些所谓自然因素也是造成荒漠化的因素，但这些自然因素的本质可能只是人类活动造成的另一个环境问题。因此可以作出如下假设，即一个没有人类活动的干旱地区可能永远不会出现荒漠化，造成荒漠化的人为因素各种各样，其中包括直接作用于土地的生产生活活动，也有蕴含于经济、政治、文化之中的复杂成因。

（一）荒漠化的直接原因

荒漠化的直接成因是那些对土地造成直接破坏的人类活动，即造成"雨浇地、水浇地或草原、牧场、森林和林地的生物或经济生产力和复杂性下降或丧失"的行为。能作用于耕地、草原和林地的行为主要包括以下几类：过度放牧、过度开垦耕地、过度砍伐树木、过度樵采等。除了直接作用于土地的生产生活行为，还不能忽视与荒漠化密不可分的自然因素导致的干旱，所以过度使用水资源也是

[①] Anton Imeson, *Desertification, Land Degradation and Sustainability*, Wiley – Blackell, 2012, p. 10.

导致荒漠化的元凶之一。

　　超过草地和林地再生能力的放牧、砍伐行为，导致土地之上的植被覆盖率迅速降低。而过度开垦需要将地表的林草去除，这一过程也会导致降低土地植被覆盖率，所以当土地生产率降低时发生的撂荒更让土地不堪重负；为满足供热、取暖、取火等生活需求发生的过度樵采致使土壤过度暴露，灌木和乔木的消失致使森林的郁闭度大大降低；在过度取水时，生产生活用水和生态用水的冲突、上中下游间用水的冲突，以及过度开采地下水都会让地表的植物因干旱缺水而死亡。在突降暴雨、风力强劲的地区，地表裸露的土壤极易被降水冲刷和大风吹走。表土或土壤的形成要件一般包括母质、气候、生物、地形和时间五大因素，而表土是支撑陆生植物生长的重要基础。在水蚀和风蚀严重的干旱地区，上层富含有机质的肥沃土壤消失后会露出贫瘠的沙质土壤。此时，土地的生物或经济生产力就会降低直至完全消失。有学者曾悲观地断言，荒漠化造成的最终结果是不可逆的，而这种情况的确有可能发生。这是因为在自然条件下，富含有机质的土壤的形成需要上万年。近期，国内有学者研究出了能变沙为土的物质，只需要在沙地上混入这种物质和水便能形成土壤。这种物质的出现看似大大缩短了成土所需的时间，实际上忽视了荒漠化地区干旱缺水的客观条件，也忽视了新形成的土壤只是水、沙的混合物，而非富含有机物的真正土壤。

　　除了上述过度放牧、开垦、砍伐、樵采和用水，近年来由工业排污和农药化肥的滥用导致的土壤污染和水污染也成为荒漠化新的成因。被有毒有害物质污染的土地，虽然其土壤仍富含有机物，但它不能用于生产和生活；而受污染的地表水和地下水也不再具有实际使用价值，进而导致土地的生产力和生物复杂性受创，形成了新的荒漠化土地。

(二) 荒漠化的间接原因

上述土地荒漠化的几种成因是简单直接的，这些简单直接的成因背后却是十分复杂的经济、政治、文化和社会因素。这些复杂的因素不仅是前述直接成因的前提，而且它们之间也存在互相影响、互相推动的关系。

第一，激增的人口和贫困。由于人口数量的增加，即便是为了满足最基本的生活需求也会让干旱地区的土地变得不堪重负，遑论更高级的物质追求给土地带来的损耗。在产生荒漠化的土地上居住着数量众多的贫困人口，荒漠化和贫困相伴相生，二者互为因果。然而，荒漠化和贫困的"第一推动力"，必然是人口的指数级增长。历史上的楼兰古国、古巴比伦、古埃及，都创造了辉煌的文明，然而它们的衰败都与干旱及荒漠化有关。一国经济发展必然带来生产方式的进步，人类也会随之获得更加强大的改造自然的能力，而这又会带来人口增长。当大量人口使用先进的生产方式改造有使用阈限的环境时，环境必然退化。不同的环境受不同的自然条件限制，具有不同的承载力，这体现了环境的自然决定性，是无法改变的客观条件。当土地退化成荒漠时，生活在这片土地上的人们为维持生存会加大对土地的开发力度，但由于超过了土地的承载力，人们的边际收益递减，贫困就伴随荒漠化出现了。在没有人口控制制度时，贫困一般还会增加人口的数量（非洲、印度就是如此），这会导致荒漠化—贫困人口增长—荒漠化的恶性循环加剧。这个恶性循环的最终结果就是文明的陨落。反观今日，荒漠化在世界上尤其是非洲国家造成贫困人口激增，这些无法满足基本需求的生态难民不仅会造成本国的社会动荡，而且会跨越国境和洲界，对其他国家主权造成严重侵扰（如涌入欧洲的难民），还为恐怖主义埋下了隐患（荒漠化严重地区与恐怖组织所在地高度重合）。荒漠化不仅会造成政治不稳定，也会引起全球性的政治灾难，在这些灾难过后，可能会面临更加严重的荒漠化。

第二，城市化与全球化的加速。《2014 全球城市化发展报告》显示，世界范围内的城市人口已经超过农村人口，而到 2050 年，全球人口居住在城市的数量将增长约 25 亿。① 这种持续性的城市化让城市规模和城市人口数量逐渐扩大，使建设用地挤占沃土和田地并造成永久性的耕地损失。到 2030 年，荒漠化严重的发展中国家城市建成区预计将增加 3 倍。虽然城市的人口密度高，使用土地也高度集约化，但是供给一个 100 万城市人口所需要的工农业产品数量远高于供给一个有 100 万农村人口的农村地区。因为除了对土地的使用，城市人口的足迹早就超出了城市的边界。② 一个重要的例证是，城市人口增长和农业出口与热带树木采伐呈明显的正相关关系，而荒漠化地区的植被覆盖度降低与森林的砍伐有着密不可分的联系，这就使城市化同荒漠化有机地联系起来。随着全球经济一体化的进程加速，各国的经济政治往来更加密切。这不仅使荒漠化的成因更为复杂（成因全球化），也使荒漠化导致的社会问题全球化（后果全球化）。如果说古代的荒漠化主要是由当地的人与自然环境的不协调，即直接因素（过度开垦、放牧、樵采、用水）导致的荒漠化，那么今日的荒漠化可能是由 A 地人的经济政治问题导致的 B 地的荒漠化。例如，苏联解体后广泛的土地撂荒最终导致巴西对俄罗斯的牛肉贸易的增加，这使远隔重洋的巴西荒漠化加剧。相反，巴西的荒漠化会减弱其提供农牧产品的能力而对全球化产生负面影响。受荒漠化影响最为严重的非洲，从表面上看，其全球化的参与程度并

---

① UN Department of Economic and Social Affairs, "World Urbanization Prospects: The 2014 Revision", *Highlights*, 2014.

② W. E. Rees, "Ecological Footprints and Appropriated Carrying Capacities: What Urban Economics Leaves Out", *Environment and Urbanization*, Vol. 2, 1992.

不高，其荒漠化的原因是地理环境、气候干旱少雨及失控的人口增长和极度的贫困，但这种较强区域性成因的荒漠化造成的社会影响是跨越洲际的。

第三，基础设施的快速发展。为了满足城市人口生活需要，城市及其基础设施建设已经覆盖了 6000 万公顷的土地①。这个面积接近整个乌克兰的总面积，而未来 40 年该面积可能会再扩大 1 亿—2 亿公顷。为满足城市化而进行的基建对土地有十分重要的影响：一是交通基础设施促进城市蔓延，这取代了自然生态系统并造成土壤封闭（soil sealing），也会污染城市地区的地表水和地下水②；二是改变地面反射率和蒸散的热传递速率，这会影响该地区的局部气候；三是取代生产性土地利用，进而使土地发生撂荒现象。值得注意的是，城市化导致的土壤封闭被一些国外学者视为"导致全球、不同国家以及整个欧洲土地退化和荒漠化的最重要原因之一"③。当公路穿过天然林地、草地时，当地的定居者会自建小路与公路连接，这会导致"鱼骨效应"的发生。④ 巴西的亚马孙地区有 2 万多千米的联邦或州道，在这些公路之外，还有近 20 万千米的民间小路。⑤ 这些小路都是为了方便砍伐森林而出现的，且其发展难以预测，这使森林砍伐、运输木材导致的低植被覆盖率的土地面临荒漠化的威胁。⑥

第四，制度因素。由于人类对基于土地的商品和服务需求的指数级增长，使生活方式、经济和消费模式与荒漠化发生了密切的联

---

① FAO, "How Much Land is Available for Agriculture?", 2009.
② UNEP, *Regional Assessment for North America*, Nairobi, Kenya, 2016.
③ M. Piero et al., "Soil Sealing: Quantifying Impacts on Soil Functions by a Geospatial Decision Support System", *Land Degradation and Development*, Vol. 28, 2017.
④ E. Y. Arima et al., "The Fragmentation of Space in the Amazon Basin", *Photogrammetric Engineering & Remote Sensing*, Vol. 6, 2008.
⑤ C. P. Barber et al., "Roads, Deforestation, and the Mitigating Effect of Protected Areas in the Amazon", *Biological Conservation*, Vol. 17, 2014.
⑥ UNCCD, *Global Land Outlook*, 2017.

系。因此，荒漠化出现的间接因素糅合了人口、技术、制度和社会文化等众多因素。在国家治理荒漠化的过程中，存在治理力度小、制度欠稳定、政府治理部门间不协调、公共机构能力低和腐败等问题，这些问题都间接地加剧了土地的荒漠化程度。[①] 此外，农牧产品的国际贸易加强，进口国的消费需求会严重影响出口国的生产。苏联解体和巴西的荒漠化就是很好的例证。这些荒漠化的成因是复杂多样的，每个驱动因素之间也有复杂的因果联系，这符合生态学中的耦合效应。在耦合效应下，各个驱动因素既可以相互制约从而加剧荒漠化的程度，也可以相互促进共同抑制荒漠化的发展。找到荒漠化最重要的人为因素，也就为荒漠化防治法所要调整的社会关系指明了方向。

第五，文化因素。文化作为隐形的"软"驱动力对荒漠化的影响是深远的。过度开垦和过度放牧是在农耕文化和游牧文化的影响下产生的。我国生态移民效果欠佳的一个原因是人口回流，而导致人口回流的隐形力量便是受儒家文化和农耕文化影响下的安土重迁、故土难离心理。迁出的人口大量返回又重新加剧了人地矛盾，进而导致荒漠化的蔓延。

综合来讲，造成荒漠化的人为因素远比自然因素复杂，且荒漠化对社会和自然环境具有强大的反作用。在难以厘清的因果循环中，可以概括为以下两个基本结论：一是荒漠化的成因不仅仅是滥垦、滥牧这些最为直接的环境消费行为那么简单，还具有复杂的综合性与世界性；二是荒漠化绝不仅仅是一个全球性的环境问题，还具有更为突出的社会问题本质。因此，囿于保护环境、防治荒漠化的主要功能，荒漠化防治法难以直接触及荒漠化的本质。《防治荒漠化公

[①] HLPE, "A Report by the High Level Panel of Experts on Food Security and Nutrition of the Committee on World Food Security", Climate Change and Food Security, 2012.

约》常被称为"穷人的公约",正是因为其明晰了荒漠化的根源——"贫困"。其序言中明确指出了"自然、生物、政治、社会、文化和经济因素的复杂相互作用"是荒漠化的成因,呼吁采取"综合办法"防治荒漠化,在防治过程中特别注意导致荒漠化的"社会经济因素"。我国《防沙治沙法》也明确提到其最重要的目的是"促进经济和社会的可持续发展"①。虽然荒漠化防治法的作用必不可少,但防治荒漠化不能孤注一掷,还应充分发挥其他部门的作用并采取广泛的经济、政策手段。

三 荒漠化防治的紧迫性

之所以探讨荒漠化防治法律制度,最根本的原因就在于防治荒漠化既必要又紧迫。大气污染的加剧不仅影响人类的健康,也让国家经济增长的正当性受到威胁,这就使《中华人民共和国大气污染防治法》(以下简称《大气污染防治法》)应运而生。同样地,大面积的土地荒漠化对我国的国计民生,以及整个世界带来的巨大危害不亚于任何一种环境问题,所以防治荒漠化具有紧迫性。

(一) 世界防治荒漠化的紧迫性

有关资料统计,世界旱地(dry land)面积约为55.5亿公顷,占地球陆地总面积的37%,而有75%以上的旱地受到中等强度荒漠化的威胁。目前,全世界有超过100个国家受到了荒漠化的影响,荒漠化土地占全球土地总面积的30%,每年造成的经济损失约为420亿美元。在世界范围内,易形成荒漠化的土地面积高达3600万平方千米,且荒漠化面积以每年5万—7万平方千米的速度

---

① 《中华人民共和国防沙治沙法》第1条。

增加。荒漠化不仅在非洲肆虐，亚洲、拉丁美洲、加勒比地区，以及地中海北部地区都存在大面积的荒漠化土地。在非洲，荒漠化蔓延的速度惊人，其干旱地区77.8%的面积都属于易荒漠化的土地。在亚洲，情况更为糟糕，易荒漠化的土地占旱地总面积的83.7%，受荒漠化影响的耕地面积高达13.41亿公顷。荒漠化已经是亚洲生物生产力下降的罪魁祸首，其中印度和中国是受荒漠化影响最为严重的国家。在亚洲的其他国家，如蒙古国、伊朗、科威特和部分中亚国家，荒漠化扩张的速度也在加快。

根据2008年《防治荒漠化公约》的官方数据，世界上70%的旱地（不包括极为干旱的沙漠）中约36亿公顷的土地已经退化。非洲旱地面积占世界陆地总面积的13.1%，亚洲为13.0%，北美洲为4.9%，南美洲为3.6%，澳大利亚则为4.4%。旱地在各大洲所占的比例分别是，澳大利亚为75%，非洲为66%，亚洲为46%和美洲为33%。近40%的世界人口居住和生活在干旱地区，这些人口绝大部分属于贫困人口。世界旱地总面积约为5400万平方千米，约占全球陆地总面积的40%。非洲是地球上最干旱的大陆，在以热带雨林而闻名的南美洲，旱地覆盖了其陆地面积的1/3。面积最大的亚洲，旱地分布也十分广泛，中国西部及中亚的干旱和半干旱地区占其地区陆地总面积的39%。世界上人口最多的中心基本分布在干旱地区，尤其在亚洲有13亿人口生活在干旱地区。生活在旱地的人口中，有42%在亚洲，41%在非洲，剩下的不到20%分布在其他大陆。干旱地区人口密度高的国家面临土地持续退化的风险，许多大型城市（如开罗、利马和达喀尔）皆位于干旱地区。联合国环境规划署的一份数据显示，地球上25%的陆地面积受到荒漠化的影响，荒漠化正在加速扩散；20%的全球人口受到荒漠化的威胁，且近1.35亿人在不久的将来面临失去剩余土地的风险；近8亿人生活在干旱地区，其缺乏生活必需的食物。[①]

（二）我国防治荒漠化的紧迫性

20世纪50年代到20世纪末，我国的荒漠化土地始终有增无减，以风蚀荒漠化为例：20世纪50年代至70年代，平均每年新增1560平方千米的荒漠化土地；70年代中期到80年代中期，每年新增2100平方千米的荒漠化土地；80年代中期到90年代中期，每年新增2460平方千米的荒漠化土地，这意味着荒漠化每年吞噬一个中等县的面积；90年代后期，荒漠化的扩展速度仍在加快。[②] 为履行防治荒漠化的国际义务和国家责任，掌握全国荒漠化的情况并为国家和地方防治荒漠化战略提供基础数据，原国家林业局每5年组织开展一次全国荒漠化监测。到目前为止，共有五份《荒漠化和沙化公报》相继出台。我国第一次系统性的荒漠化监测始于1993年，第五次监测于2013年开始并于2015年12月29日发布了最新的《荒漠化和沙化公报》[③]。《防沙治沙法》《防沙治沙决定》等相关法律法规的出台为原国家林业局荒漠化防治中心和省级林业行政主管部门进行荒漠化监测工作提供了明确的法律依据。

通过分析五份《荒漠化和沙化公报》中的荒漠化趋势可以看出，我国的荒漠化势头得到了初步遏制，但整体形势依然严峻。自2004年第三次监测至今，我国的风蚀荒漠化、水蚀荒漠化、冻融荒漠化和土壤盐渍化的面积尽管处于缩减态势（见表1-3），但荒漠化的总

---

① Ci Longjun, Yang Xiaohui, *Desertification and Its Control in China*, 2010, pp. 9–13.
② 周欢水等：《中国西部沙漠化的分布、动态及对生态环境建设的影响》，《中国沙漠》2006年第2期。
③ 从历年监测发布的《中国荒漠化和沙化状况公报》中可以发现，我国将荒漠化和土地沙化严格地区分开，并且有不同的评价体系和评价标准。而且，《中国荒漠化和沙化状况公报》中的沙化土地包含大量非人为因素导致（或者说是自然因素）的沙化，如天然的沙漠、戈壁和沙地等。

体情况依然不容乐观。

表1-3　1994—2019年我国不同类型荒漠化面积　　单位：万平方千米

年份	风蚀荒漠化	水蚀荒漠化	冻融荒漠化	土壤盐渍化	其他	总面积
1994	160.70	20.50	36.30	23.30	21.40	262.20
1999	187.30	26.50	36.30	17.30	—	267.40
2004	183.94	25.93	36.37	17.38	—	263.62
2009	183.20	25.52	36.25	17.30	—	262.37
2014	182.63	25.01	36.33	17.19	—	261.16
2019	—	—	—	—	—	257.37

资料来源：根据1994—2019年《中国荒漠化和沙化状况公报》的原始数据计算得出，并保留到小数点后两位。

通过对荒漠化程度增减的分析（见表1-4），可以发现荒漠化"缩减"背后隐藏的危机。在最近三次监测发布的《荒漠化和沙化公报》中，对不同程度荒漠化的变化趋势进行比较研究，可以清楚地看到我国轻度荒漠化的面积在增加且蔓延速度在加快。此外，荒漠化在我国分布广、面积大的情况也并未得到根本扭转。最新的《荒漠化和沙化公报》统计，我国18个省份的528个县都面临荒漠化的威胁，荒漠化土地面积占我国国土面积的27.2%。

表1-4　1994—2019年我国不同程度荒漠化面积　　单位：万平方千米

年份	轻度荒漠化	中度荒漠化	重度荒漠化	极重度荒漠化
1994	—	—	—	—

续表

年份	轻度荒漠化	中度荒漠化	重度荒漠化	极重度荒漠化
1999	54.04	86.80	56.51	70.06
2004	63.11	98.53	43.34	58.64
2009	66.58	96.84	42.66	56.30
2014	74.93	92.55	40.21	53.47
2019	—	—	38.28	50.21

资料来源：根据1994—2019年《中国荒漠化和沙化状况公报》的原始数据计算得出，并保留到小数点后两位。

　　除了荒漠化，《荒漠化和沙化公报》还详细分析了我国沙化土地现状（见表1-5）。最新的《荒漠化和沙化公报》显示，沙化土地总面积小于荒漠化土地面积，但其发生的范围更广，2014年全国沙化土地面积占国土面积的17.9%，达172.12万平方千米，其分布范围遍及我国30个省份（不含港澳台地区和上海市）的920个县。同荒漠化一样，沙化土地面积自2004年以来持续缩减，面临的问题依然严峻。将2009年和2014年不同程度的沙化土地面积进行比较可以发现，轻度、中度和重度沙化土地面积分别增加了约4.19万平方千米、0.41万平方千米、1.89万平方千米，只有极重度沙化土地减少了7.48万平方千米。因此，可以看出这5年间沙化土地面积的减少完全有赖于极度沙化土地面积的减少。至于水土流失，依据第一次全国水利普查的数据，全国土壤侵蚀总面积达294.9万平方千米，显著超过了荒漠化和沙化的土地面积。以处于旱区的黄土高原的水土流失为例，该区域的水土流失面积约为47万平方千米，平均每年进入黄河的泥沙达16亿吨。由此造成了该区域生态系统功能的严重退化，使流域内的水利设施截蓄降水、调节径流的能力减弱。下泄的泥沙淤积河道库坝，对水利设施的安全运行和防洪功能造成了严重的威胁。同时，生态退化大大降低了该区域的土壤肥力，导致耕地面积减少、粮食产量波动、农业农村经济发展受限和人民生活的贫困。①

表1-5　　1994—2019年我国不同程度沙化土地面积　　单位：万平方千米

年份	轻度沙化	中度沙化	重度沙化	极重度沙化	总面积	具有明显沙化趋势②
1994	—	—	—	—	168.9	—
1999	—	—	—	—	174.31	—
2004	19.19	25.94	32.50	96.33	173.97	31.86
2009	21.92	24.95	31.46	94.77	173.11	31.10
2014	26.11	25.36	33.35	87.29	172.12	30.03
2019	—	—	—	—	169.78	—

资料来源：根据1994—2019年《中国荒漠化和沙化状况公报》的原始数据计算得出，并保留到小数点后两位。

总之，荒漠化、土地沙化和水土流失给我国造成的影响并不局限于土壤退化、植被覆盖率降低，其影响早已危及我国经济、社会、文化和生态环境等各个方面。在经济方面，我国每年因荒漠化损失1200亿元，共投入荒漠化治理的费用达几千亿元。在社会方面，我国荒漠化影响4亿多人口，这些人口长期面临由荒漠化导致的贫困、粮食低产的影响。大量荒漠化地区的居民成为生态难民，迫于生计

---

① 国家发改委、水利部、农业部、国家林业局：《黄土高原地区综合治理规划大纲（2010—2030年）》，2010年。

② 这是根据《中华人民共和国防沙治沙法》的规定在此次监测时新增设的一个地类，主要是指由土地过度利用或水资源匮乏等造成的介于沙化土地与非沙化土地之间的一种退化土地。它目前虽然还不是沙化土地，但如不加保护，有可能变成沙化土地。从2004年的《中国荒漠化和沙化状况公报》来看，具有明显沙化趋势的土地所发生的土地利用类型中草地占68%，耕地占23%，其他类型土地占9%。

进行生态移民，长此以往可能会造成社会的动荡不安。同时，荒漠化造成的生态移民容易造成不同区域间的文化冲突，也不利于文化多样性的保护。在生态环境方面，荒漠化致使土壤流失严重，地表植被失去生存土壤后大量减少甚至绝迹，进而导致整个地区的生物群落减少、生物多样性降低。没有植物覆盖的土地在风力作用下产生严重的沙尘暴，植被的减少降低碳汇导致局部气候变化，进一步加剧干旱，使荒漠化地区陷入干旱—荒漠化—干旱的恶性循环。

第二章　荒漠化防治法制的主要问题与完善思路

一　荒漠化防治法制的主要问题

总体而言，我国目前尚无专门的荒漠化防治法规。承担荒漠化防治任务的法律制度分散在一系列法律、法规、部门规章和政策性文件中。这导致我国荒漠化防治法制存在以下两个方面的宏观问题。

（一）荒漠化防治法制的体系化不足

我国的大量荒漠化防治立法虽然填补了荒漠化防治工作无法可依的漏洞，但其形成的"二专多维"式的立法数量庞大而分散。由于这些立法的起草出于不同部门，其专注的领域、要素和利益取向都不尽相同，荒漠化防治法律体系[①]内部混乱、衔接不严。松散的体系不仅造成了荒漠化防治法制的整合困难，也提高了立法、守法和司法的成本。这使荒漠化防治法律制度的运行备受阻碍，甚至在有些时候出现制度间冲突抵牾的现象。荒漠化防治立法的"大而散"导致其体系化严重不足。虽然荒漠化防治有防沙治沙和水土保持方

[①] 立法体系和法律体系既有区别又有联系，二者分别对应着法律规范和部门法。荒漠化防治法既不是也不会成为一个部门法。所以，本书不详细区分立法体系和法律体系的区别，而为了语境和便利将二者混合使用。参见刘先辉《环境法的体系化及其发展方向》，载《可持续发展·环境保护·防灾减灾——2012年全国环境资源法学研究会（年会）论文集》，2012年。

面的两部核心法律，但"多维"才是荒漠化防治法制现状的真实表述。"多维"不仅意味着法律法规的数量众多，还意味着法律效力层级多。

荒漠化防治法律体系中包含了众多"亚法律"[①]文件，如大量的决定、通知、规划、计划、办法等。我国荒漠化防治成就的背后其实是其他立法和各种决定、通知、计划、规划的助力，"亚法律"的作用厥功至伟。因此，这些"亚法律"理应成为荒漠化防治法律体系的一员。长期来看，它们为应对眼下严峻的荒漠化态势，应大力发挥其优势。

体系化不足的另一个表现就是法律内容的不协调。不协调不仅表现为规定重叠，在严重的情况下可能还会出现规定间的冲突。以《防沙治沙法》和《水土保持法》这两部核心法律的有关规定为例，二者对防沙治沙都有涉及。《水土保持法》的立法目的包括减轻风沙灾害，在"风沙区"进行建设应遵循水土保持的有关规定，在风蚀区植树种草、建立防风固沙体系等。[②]很明显，这些重复规定都属于防沙治沙的范畴。除了立法重叠，还存在立法冲突。《防沙治沙法》规定在（抚育更新）采伐防风固沙林之前应预先形成接替林网、林带，[③]而《水土保持法》规定（抚育更新）采伐防风固沙林后再在采伐区和集材道更新造林。[④]究竟是在采伐前还是采伐后实施造林，以及在哪些区域进行补偿造林，这两部法律出现了不同的规定。林业部门在对不同的采伐行为进行审批时，依据哪一部法律作出决定就比较为难。正式的立法尚且如此，出自不同部门的"亚法律"之

---

① 这里的"亚法律"指的是非《中华人民共和国立法法》明确规定的立法类型，但其具有十分重要的影响力，甚至会影响某些正式立法的制定。例如，《国务院关于进一步加强防沙治沙工作的决定》虽属于国发的规范性文件，但其直接促使了《省级政府防沙治沙目标责任考核办法》这一部门规章的出台。
② 《中华人民共和国水土保持法》第25、第32、第35条。
③ 《中华人民共和国防沙治沙法》第16条。
④ 《中华人民共和国水土保持法》第22条。

间自然也存在不协调甚至冲突，且正式立法和这些"亚法律"之间也存在不协调。

荒漠化防治法制之所以"大而散"，是因为我国在环境保护领域基本上采取的是政府主导机制。一些代表中央政府行使荒漠化防治职权的部门，对荒漠化防治都表现出"关心"。这种"关心"的表现就是大量的立法、政策出台，而它们在制定、起草时忽视了与其他有关立法和政策的衔接。所以，摆在眼前的解决办法只有两个，一是整合出台一部专门的荒漠化防治法规，二是通过修改有关条款弥合立法间的冲突与矛盾。相较而言，后一种解决办法的现实阻力更小，更具有现实可行性。

（二）荒漠化防治管理体制不完善

我国荒漠化防治管理体制依据有关立法也可分为"二专多维"的管理体制，即以国家林草行政主管部门和水行政主管部门为核心，以农业、土地、环境、能源、气象等行政主管部门为辅的管理体制。但是，鉴于部门间权力、地位、职能等方面的差异，以及荒漠化防治的复杂性和系统性，我国并未形成"二专多维"的荒漠化防治管理体制。作为负责任的大国，我国积极履行《防治荒漠化公约》的国际义务。1994年，我国将成立于1991年的"全国治沙工作协调小组"更名为"中国防治荒漠化协调小组"，对外称为《防治荒漠化公约》中国执行委员会。[1] 至今，我国形成了由荒漠化协调小组牵

---

[1] 中国防治荒漠化协调小组原由以下19个部门组成：国家林业局（现国家林草局）、外交部、国家发展和改革委员会、科技部、民政部、财政部、国土资源部（现自然资源部）、铁道部（现中国铁路总公司）、交通部（现交通运输部）、水利部、农业部（现农业农村部）、商务部、中国人民银行、国家税务总局、国家环保总局（现生态环境部）、中国科学院、中国气象局、国家农业综合开发办公室（现隶属财政部）、国务院扶贫开发领导办公室。详见《联合国防治荒漠化公约》中国执委会秘书处于2006年5月对外发布的《中国履行〈联合国防治荒漠化公约〉国家报告》。

头，由国家林草局为主导，其余18个部门相互配合的荒漠化防治管理体制。① 这种多部门合作的体制架构具有以下三个问题。

首先，中央荒漠化防治机构权威性尚待加强。现阶段，我国荒漠化防治工作的主要负责部门是国家林草局。作为副部级的国家林草局考核省级单位荒漠化防治，其效果可能就会大打折扣。在它主导下的荒漠化协调小组难以给省级政府带来足够的压力以求取得良好的荒漠化防治成绩。

其次，荒漠化防治职能主体的职权合法性存疑。在我国荒漠化防治实践中扮演主要角色的林草部门，其荒漠化防治的职权并不具有法律依据。《环境保护法》将环境保护的监督管理职权赋予了环境保护主管机构，②《水土保持法》将水土保持的监督管理职权赋予水行政主管机构，③ 但作为荒漠化防治核心法的《防沙治沙法》，并未将防沙治沙的监督管理职权赋予任何一个行政主管机构。《防沙治沙法》规定全国的防沙治沙工作是在国务院的领导下开展的，国家林草局只具有组织、协调、指导全国防沙治沙工作的职责。④ 无论是组织、协调，还是指导，国家林草局都不像其他部门那样具有监督管理的职权。国家在起草《防沙治沙法》时就意识到，荒漠化防治是一个跨部门的系统工程。只有所涉及部门协调合作才能将沙化土地治理好，因此要求林草、水利、土地、农业、生态环境、气象等部门在本级政府领导下密切合作。在实践中，密切合作的重要形式仅仅是低效的荒漠化协调小组的成立。在国家林草局的权力清单中，

---

① 除了以国家林草局为核心的荒漠化协调小组，我国曾于1988年成立了一个以水利部为核心的全国水资源与水土保持工作领导小组（小组主任为国务院副总理），其前身为1982年成立的全国水土保持工作协调小组。1993年，该小组在国务院机构改革时被撤销。因此，荒漠化防治的国家协调议事机构主要为荒漠化协调小组。

② 《中华人民共和国环境保护法》第10条。

③ 《中华人民共和国水土保持法》第5条。

④ 《中华人民共和国防沙治沙法》第5条。

"负责监督管理荒漠化防治工作"①的规定赫然在列。这项职权并非《防沙治沙法》所赋予的，只是国务院依据《宪法》赋予的职权自行设定的。②

最后，荒漠化防治管理体制运作不畅。荒漠化防治涉及领域众多，致使荒漠化防治法制体系庞大且分散，从而导致荒漠化防治管理部门众多。虽然"小组+专门（林草）机构"式的组织架构是荒漠化防治管理体制的基本形式，但荒漠化防治管理体制也同样呈现"大而散"的特征。

因此，在面对成因复杂的荒漠化时，这种运行不畅的体制无法产生应有的功效。厘清各部门间职权的边界，让这些职权能与荒漠化的成因一一对应，加上一个高度权威的机构从中协调，将是保证我国荒漠化防治可持续的关键。

二　荒漠化防治法制的完善思路

针对我国荒漠化防治法制存在的宏观方面的两个主要问题，笔者在此拟提出完善我国荒漠化防治法制的主要思路。需要注意的是，该思路基于我国荒漠化防治法制中的宏观问题，但具体的完善措施应不仅仅局限于这两个方面的宏观问题。针对宏观问题的完善思路需要在具体的制度措施中加以体现，并指导具体制度措施的建构和完善。

首先，增强我国荒漠化防治法制的体系化，使各法律制度之间协调一致。目前，我国有关荒漠化防治的规范性法律文件不仅有数量众多的法律、行政法规、地方性法规及部门规章，还有我国目前

---

① 《国家林业和草原局职能配置、内设机构和人员编制规定》第3条。
② 《中华人民共和国宪法》第89条。

在环境资源保护领域正在进行的一系列政策性改革措施。基于荒漠化防治这一特殊目标，需要对有关规范性文件的相关规定进行梳理、调整和整合，使其围绕荒漠化防治这一目标共同发挥作用。此外，我国已经加入联合国《防治荒漠化公约》。作为缔约方，我国理应承担该公约规定的有关荒漠化防治的义务和责任。这些义务和责任也应当体现在我国的荒漠化防治法律制度中。

其次，理顺我国荒漠化防治的管理体制。高效、有力的管理机构，以及各管理机构之间明确的责任分工是我国荒漠化防治取得成功的基础和前提。因为荒漠化防治工作涉及的环境资源要素较多，同时也涉及众多的环境资源管理部门和机构，所以，荒漠化防治法制建设需要对我国现有的荒漠化管理体制加以理顺，并且采取相应的责任措施保障理顺后的管理体制能够有效运行。

最后，建构并完善我国荒漠化防治的重要具体法律制度。荒漠化防治需要更加具体的法律制度作为保障，我国荒漠化防治法制的完善最终仍需落实在各项具体的法律制度中。所以，无论是我国荒漠化防治法律制度的体系化建设还是相应管理体制的完善，最终都必须落实到具体的法律制度中。除此之外，还需要综合我国现有相关规范性法律文件的规定，以及国际性荒漠化防治法律文件的规定，对我国荒漠化防治领域现有法律制度进行完善，并构建新的重要制度。

第三章 荒漠化防治法制的指导思想与基本原则

在对我国荒漠化防治的各项重要具体法律制度进行梳理和完善之前，我们有必要对我国荒漠化防治法制的指导思想和基本原则加以研究和澄清。因为，澄清我国荒漠化防治法制的指导思想和基本原则，可以使荒漠化防治具体制度的研究更加有的放矢。

一 荒漠化防治法制的目的与指导思想

法律的指导思想是指法律所追求的价值理念与目的。荒漠化防治法制的指导思想实际上就是荒漠化防治法制所要实现的主要目的。这一目的在具体的立法过程中被细化为荒漠化防治法制的基本原则，以及一系列的基本制度。因此，具有明确且科学合理的指导思想，是我国荒漠化防治法制完善的基础和前提之一。通过对国内外的相关文件及荒漠化防治实践的考察分析可以发现，尽管国内外荒漠化防治实践及相应的法律制度在不同时期体现出不同的目标和价值追求，但预防和治理土地的荒漠化这一目的在荒漠化防治法制发展的历史进程中始终没有中断，并且在现代可持续发展的背景下，荒漠化防治法制的指导思想实际上就是预防和治理土地荒漠化。这一观点从国内外荒漠化防治工作及其法制的发展历程中便可以看出。

(一) 国际荒漠化防治工作所追求的目的

虽然"荒漠化"一词早在1924年就被提出,但是并未引起国际社会的广泛重视。1952年,联合国教育、科学及文化组织(UNESCO)所实施的干旱区计划是国际社会在应对土地退化问题时所做的第一次努力。1968—1974年,发生在非洲萨赫勒地区的干旱引发了巨大的生态灾难,此次灾难造成了该地区大量人畜死亡,国际社会因此才逐渐重视干旱与荒漠化问题。1971年,联合国非洲经济委员会(UNECA)主持召开了全非人类环境研讨会,会上各国提出了一系列防治非洲荒漠化的建议。在此次研讨会的第三次会议上通过了一项决议,该决议旨在寻求通过国际合作实现荒漠化防治的方案。1974年,这项决议在联合国大会第3202号决议中获得采纳;同年,联合国经济与社会理事会通过了第1878号决议,该决议要求联合国的各个机构对干旱问题实施"系统性的、广泛的打击"[①]。对干旱进行打击意味着当时国际上认为引发荒漠化的主要原因仅仅是干旱这一气候问题,对荒漠化成因的误判注定导致防治荒漠化的实践失败。

1974年12月,联合国大会通过第3337号决议来呼吁开展"防治荒漠化国际行动"。1977年8月,以完成该项决议为内容的联合国防止荒漠化会议在肯尼亚首都内罗毕召开,会上通过了《联合国防治荒漠化行动计划》。该计划包含了三个基本目标:一是防止和阻止荒漠化的进展,二是恢复荒漠化土地使其可用于生产,三是在生态阈限内维持和促进干旱、半干旱、半湿润和其他易受荒漠化影响地区的生产力来提高居民的生活质量。《联合国防治荒漠化行动计划》

[①] W. C. Burns, "The International Convention to Combat Desertification: Drawing a Line in the Sand?", *Michigan Journal of International Law*, Vol. 16, 1995.

要求国家和区域通过制订土地管理评估的综合计划、实施纠正措施以防止旱地生态系统退化、强化干旱地区国家的科技基础设施建设三个手段来防治荒漠化。①《联合国防治荒漠化行动计划》承认，要想取得防治荒漠化的成功需要对许多相互依存、相互影响的不同因素有深刻认识，同时需要将这些因素及其内在联系考虑在内。这些因素主要包括发展过程、人口增长、相关技术和生物生产力。因此，《联合国防治荒漠化行动计划》建议各国政府和区域制定一项综合全面的防治荒漠化方案，而不是仅仅使用传统的部门方法。

联合国大会于1977年通过第32/172号决议，让联合国环境规划署理事会、执行董事及环境协调委员会承担起实施《联合国防治荒漠化行动计划》的责任。《联合国防治荒漠化行动计划》呼吁在环境规划署内建立专门防治荒漠化的部门、跨机构防治荒漠化工作组，以及由联合国有关机构和其他国际组织、捐助国、多边金融机构、发展中国家组成的荒漠化控制协商小组（DESCON）。1978年，在联合国环境规划署秘书处内成立了专门防治荒漠化的部门，其主要负责处理与干旱和半干旱土地生态系统及防治荒漠化有关的一切活动。该部门也是荒漠化控制协商小组和荒漠化机构间工作小组（IAWGD）的秘书处。荒漠化控制协商小组的任务是调动资源来实施防治计划，同时，要确保用最有效的方式将这些资源投入使用。后来，信息交流和政策指导也成为荒漠化控制协商小组的责任。在荒漠化控制协商小组的办事处寻求捐助者为防治荒漠化项目提供资金时，大多数国家的政府表示希望利用双边机制来解决荒漠化及其资金问题，这导致其防治荒漠化的项目资金严重不足。据统计，1978—1985年，在74个提交给荒漠化控制协商小组的项目中只有29个项目得以全部实施或部分实施。因为，这些防治荒漠化的项目仅

---

① UNCOD Report（U. N. Doc. A/CONF. 74/36），1977.

成本就需要5.4亿美元，而捐助国提供的4700万美元资金是远不足以保证这些项目顺利实施的。在只召开了八次会议后，荒漠化控制协商小组就被认为是一个失败的组织而被解散。与荒漠化控制协商小组的失败一样，联合国为防治荒漠化项目设立了一个特别账户，但这个账户次年就被联合国大会取消了。截至1988年，该账户只贡献了16.6万美元。荒漠化机构间工作小组是由联合国根据联合国荒漠化会议的推荐而设立的组织，其主要任务是协调国际各机构的荒漠化防治工作，这些组织包括世界银行、联合国粮食及农业组织、世界卫生组织和一些区域委员会。然而20世纪80年代，代表联合国环境规划署的Dregne教授对该组织进行审查后得出了令人沮丧的结论——该组织无效且其会议是在浪费时间。

　　除了在国际层面设置各种荒漠化防治机构，作为受荒漠化和干旱影响最严重的非洲也在国际社会的帮助下探索荒漠化防治的方法。1973年，为动员萨赫勒地区和国际社会以促进防治干旱的需要，以及在雨养和灌溉农业、环境、运输和交流方面的组织工作，萨赫勒国家间控制荒漠化常设委员会（CILSS）成立。1974年，一个对联合国开发规划署和联合国环境规划署负责的苏丹-萨赫勒办事处（UNSO）成立。苏丹-萨赫勒办事处主要负责该区域的干旱恢复方案协调工作，并管理联合国防治荒漠化的信托基金。此外，苏丹-萨赫勒办事处推动建立的环境信息系统有利于相关气候特征的监测和自然资源规划信息的收集。后来，联合国大会将该组织负责的区域扩大到东非国家，如今苏丹-萨赫勒办事处与20多个非洲国家一起抗击荒漠化。然而，苏丹-萨赫勒办事处并不能有效地履行自身的责任，其与萨赫勒国家间控制荒漠化常设委员会长期不和，这导致二者在防治荒漠化方面的效率低下。此外，苏丹-萨赫勒办事处将大量资源投入基础设施项目（如修建道路），这使防治荒漠化方案处于不被重视的地位。1986年，埃塞俄比亚、苏丹、索马里、肯尼亚、吉布提和乌干达共同成立了干旱与荒漠化政府间管理局（IGADD）以解决此区域的荒漠化问题。可惜的是，成员国之间的冲突内耗严重削弱了该组织的效率，且其薄弱的领导能力无法提出有效的防治荒漠化的举措。

联合国防止荒漠化会议的召开及《联合国防治荒漠化行动计划》的通过，揭开了国际防治荒漠化的序幕，但荒漠化实际上仍被视为一个主要集中在非洲地区的区域性环境问题。总体而言，联合国防止荒漠化会议与各项后续防治荒漠化的计划和方案最终都被证明是彻底失败的。虽然《联合国防治荒漠化行动计划》反映了国际社会更加深刻地了解荒漠化的严重性并认识到运用科学知识防治荒漠化的重要性，以及防治荒漠化的成功有赖于公众的意识和参与，但是《联合国防治荒漠化行动计划》采取的"自上而下"的方法并未将荒漠化受害者的有效参与放在优先地位。这些受荒漠化影响的难民常被认为是荒漠化的罪魁祸首。此外，《联合国防治荒漠化行动计划》的实施也因受到国际、区际防治荒漠化组织之间长期的内部斗争困扰而举步维艰。例如，萨赫勒国家间控制荒漠化常设委员会和苏丹-萨赫勒办事处之间的争斗削弱了二者应有的效力，同时也削弱了联合国防治荒漠化的权威。长期以来，萨赫勒国家间控制荒漠化常设委员会和干旱与荒漠化政府间管理局将对方视为防治荒漠化资金的潜在竞争者而缺乏合作，这致使撒哈拉-萨赫勒观察站（OSS）——一个旨在改善与撒哈拉沙漠接壤的三个地区间的联系、信息共享和合作的机构——的工作难以有效开展。设想在2000年得以全面实施的《联合国防治荒漠化行动计划》自实施之初便陷入停滞局面，尤其是该计划中"自上而下"的防治思路与新时期"自下而上"的防治方式完全相悖，其所倡导的大规模技术解决方法也因此难以奏效。最终，作为前《防治荒漠化公约》时代中最重要的国际荒漠化防治法成果，《联合国防治荒漠化行动计划》起到的作用只是唤起人们对土地退化的重视，而受影响各国的消极执行致使该计划"流产"。Dregne 针对以上种种现象曾作出如下表述："荒漠化只在非常有限的区域内停止肆虐。不幸的是，1977 年遭受中度及以上程度的荒漠化的大部分土地，荒漠化仍将继续蔓延……尽管花费了数亿美元用于所谓的荒漠化防治计划，但仍然发生了这种情况……在非洲的其他地区和世界其他干旱地区也出现了同样严峻的现象——大量资金和精力的投入，结果是收效甚微。"① 1991 年，联合国环境规划署在回顾国际社会防治荒漠化的过程中采取的各项努力时表示，它们都是徒劳无功的。尽管存在一些成功的案例，但干旱、半干旱和亚湿润干旱地区的土地退化问题一直在加剧。②

1993 年，联合国大会通过第 47/188 号决议，该决议设立了一个政府间谈判委员会（INCD）（以下简称"谈判委员会"），其职责是起草《防治荒漠化公约》，并规定在 1994 年 6 月前召开五次会议以最终确定公约内容。1993 年 1 月，谈判委员会的准备安排工作在美国纽约开始并成立了秘书处，瑞典人 Bo Kjellen 被选为会议主席。同年 5 月，谈判委员会第一次会议在肯尼亚内罗毕举行，谈判委员会的重点是分享有关荒漠化和公约框架的技术信息。随后，与会人员在讨论涉及公约各区域执行文件的起草时发生了争议，因而会议主席建议先起草非洲方面的执行文件，再考虑制定其他区域的执行文件。然而，这项建议遭到了其他地区，特别是来自南美洲地区代表的共同抵制。他们认为南美洲的荒漠化问题非常严重，需要同时就所有区域的执行文书进行谈判。这个问题的最终决定被推迟到第二次会议上讨论。同年 9 月，谈判委员会第二次会议在瑞士日内瓦举行，谈判委员会审议了秘书处编写的公约草案，并着手编写非洲、

---

① Alan Grainger, *The Threatening Desert: Controlling Desertification*, Routledge, 1990, p. 301.
② W. C. Burns, "The International Convention to Combat Desertification: Drawing a Line in the Sand?", *Journal of International Law*, Vol. 16, 1995.

亚洲和拉丁美洲等区域的执行文书。与会方在许多关键问题上达成了共识，包括公约的序言，以及加强发达国家和发展中国家间合作的必要性。谈判委员会第三、第四次会议分别在纽约、日内瓦召开，这两次会议初步完成了公约草案和非洲、亚洲、拉丁美洲区域执行文本草案的制定，但涉及财政资源和机制的关键条款仍未得到解决。因为发展中国家代表试图在公约中写入一项条款，该条款要求发达国家提供0.7%的国民生产总值（GNP）用于官方发展援助，这显然会招致发达国家的不满和抵制。1994年6月，谈判委员会第五次会议在法国巴黎举行以最终确定公约的最后文本；6月17日，公约正式通过。关于资金方面的冲突问题，公约模糊地承认了发展中国家防治荒漠化过程中"实质资源的重要性"，也模糊地承认了其需要新的和额外的资金来源防治荒漠化，最终使资金问题得到了解决。此外，谈判委员会在将亚洲、非洲、拉丁美州的执行文件加入公约附件后，又将加勒比海和地中海北部地区的执行文件加入了公约附件。2000年，为使中东欧观察员国成为缔约方，第四次缔约方大会通过了《中欧和东欧区域执行附件》，将其作为附件五纳入《防治荒漠化公约》。[①]《防治荒漠化公约》开篇便阐明了防治荒漠化的目的是防止和/或减少土地退化、恢复部分退化的土地及垦复已荒漠化的土地。

（二）我国荒漠化防治工作追求的目的

从20世纪50年代开始，我国就进行了荒漠化防治的探索。1954年，我国最早的风沙观测站在宁夏回族自治区中卫县（现中卫市）沙坡头设立，对包兰铁路的风沙防治起了积极作用。1958年底，党中央和国务院在内蒙古自治区呼和浩特市召开了西北和内蒙

---

① UNCCD第四次缔约方会议通过的第7/COP.4号决议。

古六省区的治沙会议，开始系统地部署全国治沙工作。1959年初，中国科学院治沙队成立，该队伍由来自各科研院校的800多人成立的32个小分队构成，"向沙漠进军"成为荒漠化防治的最初口号。正如我国著名地质学家竺可桢所言，"改造沙漠是我们的历史任务"①。

1955年11月10日，由国务院发布实施的《农业生产合作社示范章程草案》（以下简称《合作社章程》）规定："农业生产合作社应该根据本身的经济条件和当地的自然条件，积极地采取以下各种办法，提高农业生产的水平……（八）修整耕地，改良土壤，护林造林，培护草坡，进行农、林、牧、水综合的水土保持措施。（九）在不妨碍水土保持的条件下开垦荒地，在可能的条件下组织移民垦荒。（十）利用荒山发展林业，利用水流发展水产。"②从《合作社章程》的上述规定可以看出，我国对荒漠化的治理最先起源于对水土流失的治理，但这种水土保持的根本目的不是保护土地，而是提高农业生产水平。在新中国成立初期经济困难的背景下，这种规定具有合理性。尤其值得肯定的是，在提高农业生产水平或开垦荒地时，"不妨碍水土保持"被作为前提条件。其中蕴含了不能牺牲环境利益发展生产的先进思想，而这种思想也是当今可持续发展理念提倡的。截至1956年底，全国人民代表大会代表团接受了包括苏联、南斯拉夫在内的6个国家的邀请而对其进行访问。1957年3月31日发布了《中华人民共和国全国人民代表大会代表团访问苏联、捷克斯洛伐克、罗马尼亚、保加利亚、阿尔巴尼亚、南斯拉夫的报告》（以下简称《访问报告》）。《访问报告》开篇介绍苏联经验时便首先肯定了其开垦荒地取得的成绩："从1954年到1956年底，

---

① 《联合国防治荒漠化公约》第1条。
② 《农业生产合作社示范章程（草案）》第38条。

开垦了生熟荒地3550万公顷……推广了玉米等高产作物……收购了33亿普特（1普特≈16.38千克）以上的谷物……乌兹别克……逐步把沙漠变成良田，从而改变了过去的落后面貌，现在已经成为一个先进的工业和农业的地区。"① 对苏联垦荒的介绍字里行间透露的是对荒地经济价值的重视，这为全国人大今后出台各种涉及荒漠化防治立法奠定了基调。这种只顾工农业发展而忽视对荒地保护的原则有其历史局限性，但《访问报告》在谈及罗马尼亚时写道："罗马尼亚有丰富的森林……多为有高度经济价值的针叶树……森林不但对于调节气候起了很大作用，而且使整个国家增加了许多名胜地区。"② 这里不仅指出森林具有重要的经济价值，还承认了森林所具有的调节气候的生态价值和增加名胜的文化价值。《访问报告》虽然不是严格的立法文件，但是作为全国最高立法机构的一份重要文件，对今后产生的荒漠化防治立法具有十分重要甚至根本的指导作用。

1957年7月25日，国务院发布实施了《中华人民共和国水土保持暂行纲要》（现已失效，以下简称《水土保持纲要》），这可以称得上是我国荒漠化防治立法史中最早一部行政规范性质的立法。《水土保持纲要》全文共21条，是"为了开展水土保持工作，合理利用水土资源，根治河流水害，开发河流水利，发展农、林、牧业生产，以达到建设山区，建设社会主义的目的"③。这体现了新中国成立初期的根本使命，水土保持是为发展生产以建设社会主义。在纵向机构建设方面，《水土保持纲要》规定设立三级水土保持委员会，即国

---

① 彭真：《中华人民共和国全国人民代表大会代表团访问苏联、捷克斯洛伐克、罗马尼亚、保加利亚、阿尔巴尼亚、南斯拉夫的报告》，《中华人民共和国全国人民代表大会常务委员会公报》1957年第1期。

② 彭真：《中华人民共和国全国人民代表大会代表团访问苏联、捷克斯洛伐克、罗马尼亚、保加利亚、阿尔巴尼亚、南斯拉夫的报告》，《中华人民共和国全国人民代表大会常务委员会公报》1957年第1期。

③ 《中华人民共和国水土保持暂行纲要》第1条。

务院领导下的全国水土保持委员会、省人民委员会领导下的水土保持委员会（局）和专区、县级水土保持委员会（或农林水利科、局或建设科）；在横向机构建设中，《水土保持纲要》确定了流域机构和各省水土保持委员会（局）在开展水土保持时的关系。① 在其余条款中还出现了沿用至今的荒漠化防治法律制度和措施，如环境规划制度、封禁保护制度，以及禁止陡坡开荒制度、公共参与制度、生态补偿制度和奖励制度，等等。② 这些制度在荒漠化防治法律制度中占有举足轻重的地位，对确保荒漠化防治的成功起了十分积极的作用。

但这一时期的防治工作是建立在发展经济、"以粮为纲"等计划经济体制之下的，即便出台了防治荒漠化的立法，执行效果也不尽如人意。初期的荒漠化防治法和其他立法一样有着鲜明的时代印记，是百废待兴局面下不得已的抉择。即便如此，无论是《合作社章程》《访问报告》，还是《水土保持纲要》，都蕴含着发展经济不应破坏土地这一基本思想。虽然国家实施了一些有益于荒漠化防治的基本措施，但荒漠化仍在无情地吞噬着森林、草原和良田。据统计，我国20世纪50年代至60年代土地沙化每年的扩展速度达1560平方千米。

1978年8月20日，根据党中央、国务院有关植树造林的指示，原国家林业局发布了《关于在我国西北、华北、东北风沙危害和水土流失重点地区建设大型防护林的规划》，由此开展了轰轰烈烈的"三北"防护林工程。"三北"防护林工程规划期限为70年，并作为国家经济和生态建设的重要项目共分3个阶段8期工程进行，工

---

① 《中华人民共和国水土保持暂行纲要》第2条。
② 《中华人民共和国水土保持暂行纲要》第4、第6、第7、第9、第11、第15、第17、第18条。

程覆盖了13个省、自治区和直辖市①。"三北"防护林工程规划总造林3508万公顷，其建设面积达407万平方千米，几乎占据了我国陆地领土面积的一半。预计在该造林工程完成后，我国东北、华北和西北的森林覆盖率将由工程初期的5%提高到15%。②

1982年12月通过的《中华人民共和国国民经济和社会发展第六个五年计划》（1981—1985年）（以下简称"六五"计划）在开篇序言中提到，经济发展时要注意保护生态环境。"六五"计划明确提及"黄土高原水土流失"和"土壤沙化"；在林业建设中要禁止乱砍滥伐并大力造林育林、扩大森林资源和提高森林的覆盖率。在"六五"计划第24章"国土开发和整治"中还提出要"正确地处理经济发展与人口、资源、生态的关系"以取得"经济效益和生态效益"，为此提出了许多防治荒漠化必须实施的具体规划和措施。例如，治理黄土高原的水土流失和黄淮海地区洪涝旱碱，整治土壤沙化地区和草原牧场，统一规划、管理地表水和地下水实施。在"六五"计划第35章"环境保护"中，为了"制止对自然环境的破坏""控制生态环境的继续恶化"，国家必须防止土地沙化和水土流失。1986年开始实施的"七五"计划规定，国家促进"西部地带的经济发展"和少数民族地区经济发展时应加强草原和牧区的建设，种树种草，改善生态环境以实现生态环境的良性循环；在"国土开发和整治"时应做好水土保持工作，提高和维护土壤的肥力，积极防治沙漠化，植树种草以增加土地植被覆盖率。1991年实施的"八五"计划要求，在环境保护和国土开发整治中应做好水土保持工作，提高土壤肥力，防止土地沙化，保护林草植被。

---

① 包括辽宁、吉林、黑龙江、河北、北京、天津、陕西、甘肃、宁夏、青海、新疆、山西、内蒙古。

② 安涛：《三北防护林建设成就：巍巍绿色长城，铸起历史丰碑》，中国政府网，2008年11月18日，http://www.gov.cn/gzdt/2008-11/18/content_1151922.htm。

1991年8月，全国绿化委员会、林业部提交给国务院的《治沙协调小组组成报告》得到国务院领导的批准并依此成立"全国治沙工作协调小组"。该小组当时由17个中央机构、科研院所的负责人组成。① 1994年8月，经国务院同意，"全国治沙工作协调小组"更名为"中国防治荒漠化协调小组"，对外称"《联合国防治荒漠化公约》中国执行委员会"，二者是一套机构、两块牌子。从名称和机构来看，从"全国治沙工作协调小组"到"荒漠化协调小组"，我国对荒漠化有了更深的认识，即防治荒漠化不仅是防沙治沙；从该小组的组成部门来看，我国对荒漠化防治工作的复杂性有充分了解，并采取了以全国绿化委员会、中央林业主管部门为核心的"多方共治"的组织架构。绿委会具有级别高、权力广的特点，且其作为国务院行政机构主要负责组织领导全民义务植树和全国城乡造林绿化的工作；该委员会正职领导由国务院副总理兼任，由林业主管部门的主管领导兼任办公室主任。由此可见，国家对荒漠化防治的重视程度，但也凸显了国家防治荒漠化的手段和指导思想的局限性，即以植树为主要防治手段、重治轻防。1994年，绿委会、林业部《关于治沙工作若干政策措施的意见》获得了国务院的批准，基本确定了这一时期我国荒漠化防治管理体制的组织结构。《关于治沙工作若干政策措施的意见》规定，"治沙工作由沙区各级人民政府负责""全国绿化委员会、林业部和地方各级绿化委员会、林业部门主管治沙和沙区资源的开发利用工作。水利、农业、牧业、土地、环保、矿产、能源、铁道、交通、科技等有关部门要密切配合，通力合作，

---

① 这17个部门包括全国绿化委员会、林业部、水利部、国家计委（现改组为国家发展和改革委员会）、财政部、农业部（现农业农村部）、能源部、铁道部（现中国铁路总公司）、交通部（现交通运输部）、国家科委、环保局、土地局、税务局、人民银行、国务院贫困地区经济开发办、国家农业综合开发办和中国科学院。参见中华人民共和国国务院办公厅《中华人民共和国公报》1991年第28号（期）。

并负责做好本行业的治沙工作"。① 这两条规定不仅将荒漠化防治责任明确为各级沙区政府,还明确了荒漠化防治工作"一主多辅"的总分式机构设置:各级绿化委员会和林业部门为主②,负责全局性的荒漠化综合防治工作;水利、农业、牧业等相关部门为辅,负责各自行业内的荒漠化防治工作。1994年10月,国务院批准了绿委会、林业部《1991—2000年全国治沙工程规划要点》并在批复中强调:应以"统一规划、分工负责,因地制宜、综合治理,防治并重、治用结合,突出重点、讲求效益"为治沙工作的总体方针;应注重政府责任,严格实施"各级领导治沙任期目标责任制"。该文件不仅"明确了今后十年治沙工作的主要任务和建设重点",还是"发展治沙事业的重要指导性文件"③。至此,防治荒漠化(防沙治沙)正式作为我国一项独立的专项工作开展。④ 1994年,国务院颁发了《关于防沙治沙工作若干政府措施意见的通知》,国家税务总局也发布了《关于对治沙和合理开发利用沙漠资源给予税收优惠的通知》。随后地方政府在中央治沙精神的指导下大力推进"谁开发,谁治理,谁受益""继承沙漠荒地使用权"等政策,这在一定程度上提高了人们治沙的积极性。

在1992年联合国环境与发展大会后,中国政府于1994年依据《21世纪议程》制定了《中国21世纪人口、环境与发展白皮书》(以下简称《中国21世纪议程》)。《中国21世纪议程》由四个部分共20章组成,它阐明了中国的可持续发展战略并拉开了我国可持续发展的序幕,其专辟第16章"荒漠化防治"以表明中国对荒漠化防治的重视和决心。"荒漠化防治"一章主要涉及四个方面,即荒漠化

---

① 《关于治沙工作若干政策措施的意见》第1、第2条。
② 日常的荒漠化防治工作主要由林业行政主管部门具体负责。
③ 《国务院关于〈1991—2000年全国治沙工程规划要点〉的批复》(国函〔1991〕65号)。
④ 王茜:《我国沙漠化防治的立法现状与建议》,《中国林业》2004年第6B期。

土地综合整治与管理、北方荒漠化地区经济发展、水土流失综合防治，以及水土保持生态工程建设与管理。将水土流失的治理划到荒漠化防治中，表明了我国官方承认水土流失也是一种荒漠化。在这一章，我国以逆转生态恶化的趋势、可持续地利用土地并提高整体的可持续发展能力为目的提出了相关的荒漠化和水土流失防治措施。更为可贵的是，《中国 21 世纪议程》还认识到了贫困、荒漠化与可持续发展之间密不可分的联系。由复杂的自然和人类行为导致的最为严重的后果从生态环境角度上看是土地荒漠化，那么从社会角度上看则是贫困。荒漠化造成了土地和财富的双重"荒漠化"。据统计，我国由水土流失导致的荒漠化土地地区贫困县数量占据了全国贫困县总数量的 87%，而且这些区域的原有财富也在继续流失。我国的两个极贫区之一就是黄土高原干旱区，其包括甘肃河西、定西和宁夏南部西海固（又称"三西"地区），这总面积约 38 万平方千米的极贫区几乎全部处于荒漠化土地之上。第 8 章"消除贫困"指出："消除贫困与可持续发展是统一的整体或一个问题的两个方面。"在消除贫困的过程中，要注重荒漠化的防治工作，植树造林、保护植被，兴修水利解决人畜用水，控制人口数量、提高人口质量等。此外，在第 7 章"人口、居民消费和社会服务"、第 10 章"人类住区可持续发展"、第 11 章"农业与农村的可持续发展"、第 12 章"工业与交通、通讯业的可持续发展"、第 13 章"可持续的能源生产和消费"、第 14 章"自然资源保护与可持续利用"等诸多章节中还提出了许多对荒漠化防治大有裨益的措施和手段，如改变燃料结构、发展清洁能源、保护水资源、生物多样性保护、环境监测预警体系建设，等等。虽然《中国 21 世纪议程》有荒漠化防治的专章，但想要成功防治荒漠化，其需要的手段和措施是十分庞杂的，这正如导致荒漠化的成因一样。《中国 21 世纪议程》不是一部法律甚至也算不上立法性文件，但它对包括荒漠化防治法在内的其他立法将会产生十分重要的作用并为制定、修改相关法律提供了思想指导。1995年，国务院环境保护委员会通过的《中国21世纪议程林业行动计划》确立了分两步走的林业生态和产业体系建设目标，即到2000年奠定好基础、21世纪中叶基本建成。在此目标下，对于荒漠化防治而言，即到2000年治理3.43万平方千米的荒漠化土地，到2010年治理11.43万平方千米的荒漠化土地。[①]

这一时期，《森林法》（1979）、《环境保护法》（1979）、《水土保持工作条例》（1982）、《草原法》（1985）、《水法》（1988）、《土地管理法》（1988）、《水土保持法》（1991）、《水土保持法实施条例》（1993）、《环境保护法》（1989）、《农业法》（1993）、《中华人民共和国自然保护区条例》（1994）先后颁布实施。荒漠化防治法进入了大力发展期。其中，涉及荒漠化防治核心立法《水土保持法》（1991）。它同《水土保持法实施条例》（1993）共同防治由水土流失导致的荒漠化，属于荒漠化防治事务法的范畴。但是，我国学术界提出的水土流失概念的外延大大超出了国际荒漠化概念的外延。实际上，学界始终没有廓清水土流失和水蚀荒漠化概念之间的差异，但总体而言，二者在我国最大的重合区域是黄土高原。因此，防治水土流失的立法对防治黄土高原的荒漠化具有重要意义。在立法目的上，荒漠化防治法将已经摒弃的"以粮为纲"错误思想传承下来并以"经济建设为中心"代之。虽然诸多立法中已经明显体现出对荒漠化防治的重视，但总体上看这些对荒漠化防治的重视是建立在经济发展至上这一根本前提之上的。简言之，立法之所以更加注重对土地的保护和荒漠化的防治，完全是因为荒漠化会对国民经济发展带来不利影响，而且经济发展急需大量的优质土地，防治荒漠化就等于为经济发展扫除障碍。但事与愿违，即便这一时期的荒漠化

[①] 赵兴华：《中国21世纪议程林业行动计划出台》，《环境》1995年第8期。

防治法规定了种种有利于保护干旱区土地的手段，国家也实施了有利于荒漠化防治的措施，与诞生期的荒漠化防治法同样悲剧的是，以"经济发展为中心"的荒漠化防治法同样未起到防治荒漠化的作用。虽然大力发展时期的荒漠化防治法有诸多优点，但立法目的上的缺陷难以发挥这些优点的应有作用。以荒漠化防治的政府责任和领导政绩考核为例，这一时期鲜有地方政府的主要领导因荒漠化防治工作的开展不力而受到处罚，荒漠化防治在领导的政绩考核中也难免流于形式。20世纪50年代至70年代末，荒漠化土地面积每年扩大近1560平方千米；到80年代，荒漠化土地的扩张速度达到了每年近2100平方千米。以内蒙古自治区为例，20世纪50年代至70年代，其荒漠化土地年均增速为4.2%；70年代中期至80年代中期，年均增速为4.6%；80年代中期到90年代末，年均增速进一步提高到4.8%。[①] 毫无疑问，这一时期虽然形成了以《水土保持法》（1991）为核心法的"一专多维"法律体系，但这个松散的体系较低效庞杂的机构构成、以经济建设为中心的指导思想、陡增的人口数量、单一的防治措施对于荒漠化防治而言收效甚微。荒漠化继续在旱区肆虐，而作用"聊胜于无"的荒漠化防治法也必然被边缘化。

荒漠化防治法制自改革开放至20世纪末经历了大力建设期后，我国基本形成了一个整体上比较系统的荒漠化防治法律体系。在此体系下，荒漠化防治法律制度也逐渐发展完善。但是，自新中国成立以来一直在治理的"沙"并没有可以适用的专门立法，而"沙"实际上才是中国最严重的荒漠化。经过1994年、1999年两次大规模的全国荒漠化和土地沙化监测，可以发现二者的面积大量重合且总面积有增无减。在立法上虽然形成了"一专多维"的荒漠化防治法

[①] 包庆丰：《内蒙古荒漠化防治法政策执行机制研究》，博士学位论文，北京林业大学，2006年。

律体系，但对于土地沙化和分布最广的风蚀荒漠化依然"无法可依"。随着国际上较为统一的"荒漠化"的概念逐渐被国内学者和立法者了解，再考虑到《防治荒漠化公约》规定的受影响国家缔约方适时立法的义务①，我国开始筹备出台一部既能防治荒漠化又能防治我国土地沙化的专门性法律。随着国家对生态环境和荒漠化的认识加深，荒漠化防治相关立法的内容也愈加科学化。20世纪末，在国家"大抓植树造林、绿化荒漠"和"再造山川秀美的西北地区"的号召下，诸多大型的植树造林工程纷纷上马，如世界上最大的生态建设工程——退耕还林工程，在陕西、甘肃等地试点成功后全面启动，京津风沙源治理一期和"三北"防护林四期工程也都逐渐开建。此时，我国西北地区以植树绿化、防沙治沙为核心的生态建设进行得如火如荼。② 这一时期绝大多数涉及荒漠化防治的立法经历了数次规模大小不一的修订、修正，荒漠化防治法律制度也推陈出新。正是在此背景下，我国荒漠化防治法制建设进入了一个崭新的阶段，即完备期。在原有"一专多维"的荒漠化防治法律框架下，《防沙治沙法》的加入使"一专多维"变为"二专多维"。与荒漠化防治关系最为密切的《防沙治沙法》和历经两次修改的《水土保持法》共同构成了我国荒漠化防治法律体系的核心立法，二者确立的荒漠化防治法律制度也主导着荒漠化防治工作的有效开展。《防沙治沙法》明确说明了该法的立法目的为"预防土地沙化，治理沙化土地，维护生态安全，促进经济和社会的可持续发展"③。

总之，从国际国内荒漠化防治的具体实践及相关规范性文件的规定来看，虽然早期对荒漠化防治法制的指导思想和目标在认识上

---

① 《联合国防治荒漠化公约》第5条要求："受影响国家缔约方承诺……于适当时加强相关的现有法律，如若没有这种法律，则颁布新的法律，制定长期政策和行动方案，以提供一种扶持性环境。"
② 曹清尧：《〈防沙治沙法〉核心规定和主要内容》，《林业经济》2002年第7期。
③ 《中华人民共和国防沙治沙法》第1条。

存在差异，但在可持续发展成为全世界普遍追求的发展模式的今天，这些差异正在缩小。荒漠化防治法制作为环境资源保护法制领域的一个分支，其最终目的与环境资源保护法制的目的具有一致性，即实现可持续发展。作为一个更加具体的法律领域，荒漠化防治法制应当有更加具体的指导思想和目的，也就是预防土地的荒漠化并尽可能地治理已经荒漠化的土地。

二　荒漠化防治法制的基本原则

为实现预防和治理土地荒漠化这一目的，在荒漠化防治实践中必须遵循一系列原则，这些原则体现在荒漠化防治法制中，就应该是荒漠化防治法制的基本原则。基本原则作为成文法中的一个必要的组成部分，不仅通过立法贯穿整个法制领域，还在法制的实施中起到了指导和弥补作用，并且对社会主体的守法具有指导作用。荒漠化防治法制的基本原则也具有法律基本原则的通用功能。但是，荒漠化防治法制到底有哪些基本原则，如何确定荒漠化防治法制的基本原则，是一个需要研究的问题。

一般而言，某一领域法律的基本原则是该领域法律指导思想的具体化，并且贯穿该领域法律的全部内容。从方法论的角度来看，某一领域法律的基本原则应当是该领域各具体法制原则的最大公约数。也就是说，如果某个法律领域的立法和理论已经非常成熟，就像民法和刑法那样，基本原则可以通过对其各部分原则提取最大公约数的方法加以确定。然后，再看如此确定的基本原则是否体现其指导思想，基本上就可以确定该法律领域的基本原则。因此，确定某一领域法律的基本原则，需要我们综合考虑该领域法律的指导思想、各项具体法制的原则，以及在理论上对该法律领域本质的认识程度等方面因素。其实，这三个方面的因素是紧密联系不可分割的。

基本原则既是指导思想的具体化，也体现了人们对该领域法律本质的认识；人们对法律本质的认识在一定程度上也决定着其对该法律指导思想和基本原则的认识和归纳。所以，对于荒漠化防治法制领域而言，其基本原则的确定也需要我们综合考虑其指导思想、法律本质及各具体法律的原则等因素。

对于荒漠化防治法制的指导思想，本书已经在前文中论述，即预防和治理土地的荒漠化，最终为实现可持续发展作出应有贡献。对于荒漠化防治法制的本质，我们可以从其所属法律领域及其所要实现的目的方面加以把握。从法律部门的划分来看，目前理论界的共识性观点认为荒漠化防治法制属于环境法这一部门法的一个分支。如果从传统的公法和私法划分来看，有学者认为环境法属于公法，也有学者认为其属于公法私法混合法，还有学者认为其是社会法。无论学者对环境法的属性如何定性，对其旨在实现环境公共利益这一目的都是没有异议的。荒漠化防治法制作为环境法领域的分支，其实现的也应当是环境公共利益，具体而言就是预防和治理土地的荒漠化。也就是说，土地的荒漠化体现的不是某个主体或某类主体的私利，而是在一定范围内所有社会主体的共享利益，甚至是全人类的生存利益。目前的理论研究成果已经向人们揭示，公共利益实现的一项不可或缺的原则就是社会公众的参与。并且，环境法的基本原则也应当是荒漠化防治法制基本原则的一部分。除此之外，荒漠化防治法制还应当有其特殊的基本原则。因此，笔者主要基于对荒漠化防治法制的指导思想和本质的认识，结合环境法基本原则和荒漠化防治法制具体领域的原则，对荒漠化防治法制的基本原则进行如下确定。

（一）对环境法基本原则的认识

国内外环境法学者对环境法基本原则的总结和归纳具有不同的

观点，具体包括以下 8 种观点：（1）日本环境法学者交告尚史等将环境法的基本原则归纳为 6 项，即可持续性原则、预防原则、污染者负担原则、环境权、信息公开和公众参与原则、环境影响评价原则。[1]（2）中国台湾环境法学者陈慈阳将环境法的基本原则归纳为 10 项，即预防原则、危险防御原则、污染者负责原则、共同负担原则、集体负担原则、合作原则、永续原则、禁止现存环境受更恶劣破坏之原则、平衡原则、超越国界的环境保护原则。[2]（3）国内环境法学者韩德培将环境法的基本原则归纳为 4 项，即经济社会发展与环境保护相协调原则，预防为主、防治结合、综合治理原则，公众参与原则，损害担责原则。[3]（4）金瑞林将环境法的基本原则归纳为 5 项，即环境保护与经济建设、社会发展相协调原则，预防为主、防治结合的原则，奖励综合治理的原则，开发者养护、污染者治理原则，环境保护的民主原则。[4]（5）蔡守秋将环境法的基本原则归纳为 5 项，即经济、社会与环境协调发展原则，环境资源的开发、利用与保护、改善相结合原则，预防为主、防治结合、综合治理原则，环境责任原则，环境民主原则。[5]（6）吕忠梅将环境法的基本原则归纳为 4 项，即预防为主原则、协调发展原则、环境责任原则、公众参与原则。[6]（7）徐祥民将环境法的基本原则归纳为 4 项，即环境保护与经济社会协调发展原则，预防为主、防治结合、综合治理原则，开发者养护、污染者治理原则，公众参与原则。[7]（8）汪劲将环境法的基本原则归纳为 4 项，即预防原则、协调发展

---

[1] ［日］交告尚史、臼杵知史、前田阳一：《日本环境法概论》，田林、丁倩雯译，中国法制出版 2014 年版，第 130—157 页。
[2] 陈慈阳：《环境法总论》，中国政法大学出版社 2003 年版，第 168—193 页。
[3] 韩德培主编：《环境保护法教程》，法律出版社 2018 年版，第 54—68 页。
[4] 金瑞林：《环境法学》，北京大学出版社 2002 年版，第 62—70 页。
[5] 蔡守秋主编：《环境资源法教程》，高等教育出版社 2004 年版，第 100—123 页。
[6] 吕忠梅：《环境法学》，法律出版社 2004 年版，第 46—51 页。
[7] 徐祥民：《环境与资源保护法学》，科学出版社 2013 年版，第 44—47 页。

原则、原因者负担原则、公众参与原则。[1]

这些对环境法基本原则的认识具有一定的代表性，之所以出现不同认识，主要有三个方面的原因：第一，境内和境外环境法学者对环境法的本质具有不同的理解和认识，故而对环境法基本原则的归纳有所不同；第二，境内和境外环境法律条文规定存在差别，进而使学者对环境法基本原则的归纳不同；第三，境内学者对环境法基本原则的表述具有一定的差异，但总体而言还是具有很大一致性的，尽管我国的《环境保护法》已经作出了相应的修订。此外，境外学者对环境法基本原则的归纳存在一定的不合理性，例如，可持续发展明显应该属于环境法的指导思想，而不应该是环境法的基本原则；环境影响评价明显是环境法的一项基本制度，而不是环境法的基本原则；环境权既没有得到学界的普遍认同，也没有得到环境法的立法确认。因此，从我国环境法的实际出发，根据我国《环境保护法》规定[2]，将我国环境法的基本原则归纳为四项，即预防为主、防治结合、综合治理原则，协调发展原则，损害担责原则，公众参与原则。

（二）各项荒漠化防治单行法对具体原则的规定

各项荒漠化防治单行法对具体原则的规定，在一定程度上影响着对荒漠化防治法制基本原则的归纳。在此，主要考察与荒漠化防治具有密切关系的一些单行法，如《防沙治沙法》《水土保持法》《森林法》《草原法》《土地管理法》《水法》等。由于这些法律并不都是仅用于荒漠化防治的，大部分法律只涉及荒漠化防治的内容和事项，对各单行法所规定的原则采取提取公因式的方法来确定荒漠

---

[1] 汪劲：《环境法学》，北京大学出版社2018年版，第33—50页。
[2] 《中华人民共和国环境保护法》第4、第5条。

化防治法律的基本原则并不可取。除《防沙治沙法》规定的原则外，其他法律规定的原则对荒漠化防治法制基本原则的确定只起到一定的参考作用。

第一，根据《防沙治沙法》的规定，我国防沙治沙应遵循以下 7 项原则①，这 7 项原则在具体的法条中也都有体现。（1）统一规划，因地制宜，分步实施，坚持区域防治与重点防治相结合。《防沙治沙法》为贯彻这项原则，要求全国的"防沙治沙工作实行统一规划"，防沙治沙规划的"具体实施方案应纳入国民经济和社会发展五年计划和年度计划"；地方政府"应当依据上一级人民政府的防沙治沙规划，组织编制本行政区域的防沙治沙规划"；按照防沙治沙规划因地制宜地采取各种措施恢复和增加植被；将规划期内不具备治理条件的，以及因保护生态的需要不宜开发利用的连片沙化土地规划为沙化土地封禁保护区。②（2）预防为主，防治结合，综合治理。预防为主，保护植被是防沙治沙工作的首要任务；防治结合，通过"种植多年生灌木和草本植物"③、保护现有植被可有效地预防土地沙化，减少沙化土地的危害；同时，采取生物措施、工程措施与农艺措施相结合的办法，将各种治理措施科学配置，发挥治理的综合效益。（3）保护和恢复植被与合理利用自然资源相结合，即处理好生态效益与经济效益的关系。防沙治沙是一项以生态效益为主，生态效益与社会效益、经济效益紧密结合的工作。在保护和恢复植被的基础上，合理利用自然资源对调动全社会力量共同参与防沙治沙十分必要。（4）遵循生态规律，依靠科技进步。防沙治沙工作一方面要遵循生态规律，另一方面要依靠科技进步，进行科学治沙。"国家支持防沙治沙的科学研究和技术推广工作，发挥科研部门、机构在防沙

---

① 《中华人民共和国防沙治沙法》第 3 条。
② 《中华人民共和国防沙治沙法》第 10、第 11、第 12、第 23 条。
③ 《中华人民共和国防沙治沙法》第 16 条。

治沙工作中的作用，培养防沙治沙专门技术人员，提高防沙治沙的科学技术水平"；只有依靠科技进步，才能使治沙更有成效，加快治沙进程；"国家根据防沙治沙的需要，组织设立重点科研项目和示范、推广项目，并对有关防沙治沙方面的科学研究与技术推广给予政策优惠"；沙化土地所在地区各级政府还应"开展防沙治沙知识的宣传教育，增强公民的防沙治沙意识，提高公民防沙治沙的能力"。[①]
（5）改善生态环境与帮助农牧民脱贫致富相结合。对于"采取退耕还林还草、植树种草或者封育措施治沙的土地使用权人和承包经营权人，按照国家有关规定，享受人民政府提供的政策优惠""草原地区的地方各级人民政府，应当加强草原的管理和建设，由农（牧）业行政主管部门负责指导、组织农牧民建设人工草场，控制载畜量，调整牲畜结构，改良牲畜品种，推行牲畜圈养和草场轮牧，消灭草原鼠害、虫害，保护草原植被，防止草原退化和沙化"。[②] 通过发挥沙化土地所在地区的资源优势，落实国家相关优惠政策，调动广大农牧民防沙治沙的积极性，保障防沙治沙工程有效实施。（6）国家支持与地方自力更生相结合，政府组织与社会各界参与相结合，鼓励单位、个人承包防治。《防沙治沙法》规定对已经沙化的土地范围内实行"单位责任制""国务院和沙化土地所在地区的地方各级人民政府应当在本级财政预算中按照防沙治沙规划通过项目预算安排资金，用于本级人民政府确定的防沙治沙工程。在安排扶贫、农业、水利、道路、矿产、能源、农业综合开发等项目时，应当根据具体情况，设立若干防沙治沙子项目"。同时，大量的防沙治沙工程必须依靠社会力量，国家和地方政府通过政策支持、组织、引导，鼓励单位、个人承包防治，"县级人民政府依法根据土地承包合同向治理

[①] 《中华人民共和国防沙治沙法》第7、第9、第36条。
[②] 《中华人民共和国防沙治沙法》第18、第25条。

者颁发土地使用权证书，保护集体所有沙化土地治理者的土地使用权"。① (7) 保障防沙治沙者的合法权益。保障防沙治沙者的合法权益的原则，就是治沙者按照符合防沙治沙规划的治理方案进行治理，所取得的收益受国家法律保护，任何单位和个人都不得侵犯。2005年9月，国务院发布《国务院关于进一步加强防沙治沙工作的决定》（国发〔2005〕29号），再次明确了《防沙治沙法》中规定的7项原则。

第二，根据《水土保持法》相关条文的规定，我国水土保持法的原则为4项，之后的法条都是对这些原则的具体化。（1）预防为主，保护优先。从环境保护工作的原理和经验来看，事前的预防往往比事后的治理更有效；从自然资源的可持续利用来看，"保护"应当具有高于"利用"的优先性。只有在"保护"的基础上才能实现"利用"的永续。正是基于这样的认识，《水土保持法》将"预防为主，保护优先"确立为首要的基本原则，并在第3章"预防"中作出了全面的规定。其中，该法关于开办可能造成水土流失之生产建设项目的生产建设单位应当编制水土保持方案的规定，可以说是这一原则的集中体现。② （2）全面规划，综合治理。《水土保持法》规定，对水土流失防治工作必须进行全面规划，统筹水土流失的预防和治理、统筹水土资源的保护和利用，并对水土流失的状况、水土流失类型区划分、水土流失防治目标、任务和措施等各个方面进行整体部署。对已发生的水土流失的治理，必须坚持以小流域为单元，综合运用工程措施、植物措施、耕种措施和农业技术措施等手段，对山水田林路村进行综合治理。③ （3）因地制宜，突出重点。所谓"因地制宜"，是指要根据不同地区和流域的水土流失情况，因害设

---

① 《中华人民共和国防沙治沙法》第13、第32、第34条。
② 《中华人民共和国水土保持法》第24、第25条。
③ 《中华人民共和国水土保持法》第13、第30、第35、第36条。

防、因害施治，加强水土流失防治工作的针对性。例如，对于风力、水力、重力侵蚀地区，饮用水保护区，陡坡地区等不同地区的水土保持问题，《水土保持法》规定了差别化和针对性的防治措施。所谓"突出重点"，是指水土保持工作要厘清轻重缓急，抓住重点，有主有次、有先有后。例如，《水土保持法》规定，要划定并公告重点预防区和重点治理区，加强重点工程建设，加大生态修复力度。（4）科学管理，注重效益。这是指水土保持工作要讲究策略和技巧，应当引入科学的管理方法和先进的技术手段，注重工作实效的提高，不可蛮干。例如，《水土保持法》第2章中关于水土保持规划的编制要遵循统筹协调、分类指导原则的规定，第3章中关于水土保持方案的编制应当包括水土流失预防和治理的范围、目标、措施和投资等内容的规定等①，都体现了这一原则。

第三，根据《森林法》相关条文的规定，我国森林法的原则为4项②：（1）以营林为基础，普遍护林、大力造林的原则。（2）采育结合，永续利用的原则。（3）普遍义务原则，即植树造林、保护森林是公民应尽的义务。（4）国家支持与鼓励原则。一方面，国家鼓励林业科学研究，推广林业先进技术，提高林业科学技术水平；另一方面，各级人民政府对在植树造林、保护森林、森林管理及林业科学研究等方面成绩显著的单位或者个人给予奖励。

第四，根据《草原法》相关条文的规定，我国草原法的原则为4项③：（1）草原的可持续利用和生态、经济、社会的协调发展原则。《草原法》规定："国家对草原实行科学规划、全面保护、重点建设、合理利用的方针，促进草原的可持续利用和生态、经济、社会的协调发展。"（2）普遍义务原则。任何单位、个人，包括政府，

---

① 《中华人民共和国水土保持法》第10、第25条。
② 《中华人民共和国森林法》第5、第6、第11条。
③ 《中华人民共和国草原法》第3、第4、第5、第6、第7条。

都应当承担保护草原的义务。《草原法》要求"各级人民政府应当加强对草原保护、建设和利用的管理,将草原的保护、建设和利用纳入国民经济和社会发展计划。各级人民政府应当加强保护、建设和合理利用草原的宣传教育","任何单位和个人都有遵守草原法律法规、保护草原的义务"。(3)公众参与原则。任何单位和个人都有权对违反草原法律法规、破坏草原的行为进行监督、检举和控告。《草原法》明确了"任何单位和个人都享有对违反草原法律法规、破坏草原的行为进行监督、检举和控告的权利"。(4)国家鼓励与支持原则。国家不仅"鼓励与支持开展草原保护、建设、利用和监测方面的科学研究,推广先进技术和先进成果,培养科学技术人才",还"对在草原管理、保护、建设、合理利用和科学研究等工作中做出显著成绩的单位和个人,给予奖励"。

第五,根据《土地管理法》相关条文的规定,我国土地管理法的原则有以下3项[①]:(1)全面规划,严格管理,合理开发、严格保护土地资源的原则;(2)公众参与原则;(3)政府鼓励原则。

第六,根据《水法》相关条文的规定,我国水法的原则有以下3项[②]:(1)全面规划、统筹兼顾原则;(2)综合利用、讲求效益原则;(3)协调好生活、生产经营和生态环境用水原则。

此外,值得一提的是,国务院于2002年发布的《退耕还林条例》直接与荒漠化防治相关,明确规定了5项原则[③]:(1)统筹规划、分步实施、突出重点、注重实效;(2)政策引导和农民自愿退耕相结合,谁退耕、谁造林、谁经营、谁受益;(3)遵循自然规律,因地制宜,宜林则林,宜草则草,综合治理;(4)建设与保护并重,防止边治理边破坏;(5)逐步改善退耕还林者的生活条件。

---

① 《中华人民共和国土地管理法》第3、第4、第7、第8条。
② 《中华人民共和国水法》第4条。
③ 《退耕还林条例》第5条。

(三)《防治荒漠化公约》规定的原则

专门为防治荒漠化而缔结的《防治荒漠化公约》的开篇中便明确规定了荒漠化防治的4项内容，归纳起来可以概括为3项原则[①]：(1)公众参与原则，即"确保群众和地方社区参与关于防治荒漠化和/或缓解干旱影响的方案的设计和实施决策，并在较高各级为便利国家和地方两级采取行动创造一种扶持环境"。(2)合作原则，包括国际合作和国内合作两个方面，即一方面，"本着国际团结和伙伴关系的精神，改善分区域、区域以及国际的合作和协调，并更好地将资金、人力、组织和技术资源集中用于需要的地方"；另一方面，"本着伙伴关系的精神在政府所有各级、社区、非政府组织和土地所有者之间发展合作，更好地认识受影响地区土地资源和稀缺的水资源的性质和价值，并争取以可持续的方式利用这些资源"。(3)照顾不发达国家的原则，即"充分考虑到受影响发展中国家缔约方，特别是其中最不发达国家的特殊需要和处境"。

考虑《防治荒漠化公约》作为国际公约的特殊性，其所规定的原则也主要是针对缔约方发挥作用。因此，其所规定的三项原则对我国荒漠化防治法律基本原则的确定具有重要的参考和借鉴意义。从某种意义上讲，无论是国际公约还是国内法制，只要是为了防治荒漠化，其处理的事项和应对的问题都具有一定的相似性。在国内荒漠化防治法制中，也必须贯彻公众参与原则、协调合作原则和照顾后发地区居民利益的原则。

总之，通过前文对荒漠化防治法制的目的及指导思想、相关各单行法及国际公约规定的原则的考察，我国荒漠化防治法制的基本原则可归纳为以下五点。

---

① 《联合国防治荒漠化公约》第3条。

第一，预防为主、防治结合、合理利用原则。土地的荒漠化是土地生态环境的一种退化性变化，一旦发生便具有不可逆性和难以恢复的危险。因此，旨在防治荒漠化的法制必须遵守预防为主的原则。这里的预防应当包括危险预防和风险防范。危险预防是指在科学确定条件下进行的预防，风险防范是指在科学不确定条件下进行的预防。二者共同的核心思想就是防患未然，避免出现土地的荒漠化。对于没有荒漠化的土地，我们要采取预防的态度；而对于已经荒漠化的土地，我们要采取积极的治理措施，使其尽可能地恢复到良好状态或达到能够有效利用的程度。预防和治理必须有效结合，才能够使荒漠化的土地得到控制和减少。我们主张预防为主、防治结合，并不意味着要把大量的土地封存起来，不允许利用（在我国人多地少的情况下，绝对封存不用的办法更不可行），而是要采取有效的措施，对相应的土地进行合理利用。也就是说，在不增加土地荒漠化风险的前提下，对土地进行合理开发利用，提倡利用和保护并存。

第二，尊重生态规律、因地制宜、科学防治原则。应对和防治土地的荒漠化问题，必须尊重生态规律，根据不同地区土地的生态环境状况、利用特点及荒漠化特点，因地制宜，采取有针对性的有效措施，进行科学防治。在某种意义上，土地的荒漠化就是由人们违反生态规律对土地进行不合理的开发利用造成的。因此，防治土地荒漠化必须依靠科学，遵守生态规律，因地制宜地进行。

第三，政府主导、公众参与原则。土地的荒漠化既是全球性的生态环境难题，也具有一定的区域性特征。但无论如何，土地荒漠化损害的利益都具有公共性，是一种典型的公共利益。防治土地的荒漠化实际上就是对公共利益的保护，为社会乃至人类提供公共产品和服务。在这种情况下，荒漠化防治的主要任务都要落在作为公共利益提供者的政府身上。政府在荒漠化防治中，毫无疑问，应当起到主导作用。但是，由于政府自身的人力、物力、财力乃至理性、信息等都具有一定的局限性，并且政府权力容易受到私人利益、部门利益的引诱而造成权力俘获，仅靠政府一方的力量根本无法完成荒漠化防治工作。公益性的事项应当有社会公众的参与。广大社会公众在政府的主导下，有序参与社会公共利益的供给和治理，能够更有效地维护社会公共利益。因此，荒漠化防治需要社会公众的参与。政府要采取有效措施，以确保社会公众的有效参与。

第四，协调合作、尊重权益原则。荒漠化防治不仅涉及诸多环境资源要素，包括土地、水、森林、草原等，也涉及多方主体。不仅有多个主管部门，如土地管理部门、林业和草原主管部门、水利主管部门、农业主管部门等，还包括土地的利用者和荒漠化土地的治理者。不同主体之间的利益存在差异，不同管理部门之间也存在不同的职责与职权划分。但是，土地荒漠化是一种整体性的生态环境退化，需要整体性应对。因此，防治土地荒漠化必须有效协调各方主体之间的利益，使各方主体之间进行有效沟通和协调合作，并尊重土地所有者、土地使用者、荒漠化土地治理者的合法权益。

第五，照顾后发地区居民利益原则。在通常情况下，土地的荒漠化与贫穷落后联系在一起。经济欠发达使人们加大对土地的开发利用，加重土地的负担，促进土地的荒漠化程度；反过来，土地的荒漠化进一步加剧了后发地区的相对贫困，形成了恶性循环。为了防治土地荒漠化而采取的各种限制措施，给后发地区的居民造成利益负担，必须采取一定的弥补措施，最终实现生态良好、生活富裕的生态文明。

第四章 荒漠化防治的政府责任制度

荒漠化作为一种十分严重的环境退化，被称为地球的"癌症"，被认为是"当代最大环境问题之一"[①]。因此，国际社会共同努力缔结了《防治荒漠化公约》。相较于其他环境问题，偏离人类文明中心的荒漠化问题显然没有得到应有的重视。有学者大胆推断，荒漠化影响了全球大约10亿人口、180余个国家和近36亿公顷土地，几乎占世界陆地面积的1/4，且这些数字每年都在持续增加。[②] 2004年以来，三份《荒漠化和沙化公报》显示，我国荒漠化土地面积逐年降低，但如今仍有261.16万平方千米的荒漠化土地。这些占我国国土总面积超过1/4的荒漠化，都是"难啃的硬骨头"[③]。因此，从政府责任出发激活政府防治荒漠化的积极性是当前的迫切需要。

一 政府应承担防治荒漠化的主导性责任

环境保护中的政府责任引发了学者热议[④]，我国政府在实践中也一直发挥重要作用。但是，作为舶来品的荒漠化并未得到法学界足

---

① World Resources Institute, *Millennium Ecosystem Assessment—Ecosystems and Human Well-being*: *Desertification Synthesis*, Washington D. C.: Island Press, 2005.
② 朱震达：《土地荒漠化问题研究现状与展望》，《地理研究》1994年第1期。
③ 滕玲：《第五次全国荒漠化和沙化土地监测结果发布 十年治沙：剩下的都是"硬骨头"》，《地球》2016年第2期。
④ 徐祥民：《政府环境责任简论》，《学习论坛》2007年第12期。

够重视，这使荒漠化防治责任主体在"民"还是在"官"长期争论不断。国内外一些学者寄希望于"民"，极力赞成《防治荒漠化公约》提倡的"自下而上"式的防治模式，将"民"置于主导地位。然而，国际失败的防治实践否定了"民"的主导作用，荒漠化的特性决定了只有政府才能主导荒漠化防治，我国的荒漠化防治立法也将防治责任指向政府[①]。

（一）荒漠化防治实践证明主导角色为政府

"自下而上"模式被认为是《防治荒漠化公约》特有的标志，这使该公约与其他要求政府集中和扩大监管权的国际环境公约区别开，该模式一度被认为是应对荒漠化的有效手段。[②] 许多参与《防治荒漠化公约》谈判的缔约方一开始就认为，优先考虑当地居民的参与是开展荒漠化防治工作的先决条件。在《防治荒漠化公约》缔结后，"自下而上"模式被贯彻到各国荒漠化防治的国家行动计划中，受影响地区的居民（尤其是妇女和青年）、社区及非政府组织的作用被放大。由于《防治荒漠化公约》常被称为"非洲环境公约"或"发展中国家公约"，发达国家缔约方出于对某些发展中国家缔约方政府的不信任，要求将援助的资金和技术直接用于受影响地区。过

---

① 政府具有防治荒漠化的责任不代表个人或其他组织不具有防治荒漠化的责任，因为《中华人民共和国宪法》第9条规定："禁止任何组织或者个人用任何手段侵占或者破坏自然资源。"《中华人民共和国环境保护法》第6条第1款规定："一切单位和个人都有保护环境的义务。"《中华人民共和国防沙治沙法》第6条规定："使用土地的单位和个人，有防止该土地沙化的义务。使用已经沙化的土地的单位和个人，有治理该沙化土地的义务。"可见，我国的个人、单位和组织都具有保护土地资源，防治土地荒漠化的义务。本书强调的是，在全部具有防治荒漠化义务的主体中，政府应起到的是主导作用，即政府是防治荒漠化最主要的义务或责任主体。本章论述了总体的荒漠化防治实践中政府主导起到重要作用，但我国不少荒漠化防治立法只能说明政府负有防治荒漠化的职责（未明文规定），并未提到政府的主导作用和与防治职责对应的担责，这也是后文将进一步论述的。

② Kyle W. Danish, "International Environmental Law and the 'Bottom-Up' Approach: A Review of the Desertification Convention", *Indiana Journal of Global Legal Studies*, Vol. 3, 1995.

分重视"自下而上"模式而让地方社区参与的偏见导致了对政府负责主导的集中式防治模式的严重怀疑。①

然而，经过十几年的"自下而上"防治所取得的效果却不尽如人意。在全球范围内，荒漠化的面积不减反增，且蔓延速度还在加快。② 这在一定程度上说明"自下而上"防治模式是失败的，其原因如下。第一，荒漠化和贫困相伴相生，当地的居民已陷入极度贫困，由其组成的社区也是极度虚弱而难有良好的组织性和凝聚力。第二，作为追求利益最大化的"理性经济人"，企业深谙在荒漠化土地上进行生产活动难有可观的产投比，所以鲜有企业能够不计成本和时间在此投资。第三，广袤的荒漠化土地使所有非政府组织和国际社会的技术和资金援助杯水车薪，且发达国家缔约方出于经济、政治动机常吝于援助。反观人类历史，荒漠化出现的原因便在于政府未发挥有力的监管作用，进而导致追求自身利益的个体在自然条件较差的土地上恣意而为、破坏土地。③ 因此，荒漠化防治更不应将"始作俑者"置于主导地位。正如贾雷德·戴蒙德在《崩溃》中所言，人类历史清楚地表明，"公地悲剧"往往不能通过协商或激发受影响社区的集体智慧和善意来解决，而荒漠化往往是旱区"公地悲剧"的代名词。

也许是《防治荒漠化公约》无法有效阻止全球范围内持续性的荒漠化扩张，国际社会开始寻求新的方案以应对严峻的荒漠化问题。为使该公约中所立下的目标得以真正实现，国际社会主要进行了两

---

① Tal Alon, A. Choen, Jessica, "Bringing 'Top-Down' to 'Bottom-Up': A New role for Environmental Legislation in Combating Desertification", *Harvard Environmental Law Review*, Vol. 1, 2007.

② Pamela C. et al., "Land Degradation Neutrality: The Science-Policy Interface from the UNCCD to National Implementation", *Environmental Science and Policy*, Vol. 92, 2019.

③ [美] 弗·卡特、汤姆·戴尔：《表土与人类文明》，庄崚、鱼姗玲译，中国环境科学出版社1987年版，第4页。

次努力。而这两次努力，都体现了政府主导下目标明确的重要性。

第一次是2007年9月，在西班牙马德里举行的《防治荒漠化公约》第八次缔约方大会（COP8）通过的《为加强公约执行的十年战略计划和框架（2008—2018）》（以下简称《十年战略框架》）。各缔约方在《十年战略框架》之下提出了十分清晰的10年愿景，即为扭转和预防荒漠化和土地退化而建立全球伙伴关系，协力减轻受灾地区的干旱问题以减少贫困、增强环境可持续性。在此愿景之下一项战略任务被提出，即提供一个全球性框架，以支持制定和执行国家和区域政策、方案和措施，通过强化科学技术、提高公众认识、制定标准、大力宣传和资源调动等方式实现荒漠化和土地退化的预防、控制和逆转及贫困的减少。为使战略目标得以实现，《十年战略框架》设定了四个分战略目标，包括改善受荒漠化影响的人民的生活、提高受影响地区生态系统的生产力、通过有效执行公约以产生全球利益，以及建立有效的国家间和国际伙伴关系来动员一切资源。为实现上述10年愿景和战略目标，《防治荒漠化公约》缔约方和利益相关方应在四个方面着重实现3—5年的短期目标，即宣传、意识和教育，政策框架，科技和知识，能力建设。

第二次是2012年6月，在巴西里约热内卢召开的联合国可持续发展会议（以下简称"'里约+20'峰会"），此次峰会作为联合国历史上规模最大的会议展望了2015年后人类社会的环境和发展蓝图。作为1992年地球高峰会议的延续，"里约+20"峰会为国际社会共同防治荒漠化带来了新的理念和希望。《我们期望的未来》作为"里约+20"峰会取得的最为重要的成果，对《防治荒漠化公约》和荒漠化给予了充分重视。在《我们期望的未来》中首次提出了土地退化中性（LDN）概念："我们将努力在可持续发展的背景下，实现一个土地退化中性的世界。"在"里约+20"峰会召开前夕，《防治荒漠化公约》秘书处为此次峰会就土地退化问题提供了一份重要的调查报告，即《"里约+20"峰会的可持续发展目标》。正式接纳了零净土地退化（ZNLD）的目标，"里约+20"峰会提出了土地退化中性概念，这为国际防治荒漠化的未来指明了新的努力方向。2015年，依照"里约+20"峰会达成的共识，联合国正式通过了《改变我们的世界——2030年可持续发展议程》（SDGs-2030），旨在指导2015—2030年的全球可持续发展工作，共包含了17个可持续发展的主要目标和169个分目标。其中，第15个目标为"督促各个国家保护、恢复和促进可持续利用陆地生态系统，可持续地管理森林、防治荒漠化、制止和扭转土地退化现象、遏制生物多样性减少"，其下属的第3个分目标为"到2030年，防治荒漠化，恢复退化土地和土壤，包括受荒漠化、干旱和洪水影响的土地，并且努力实现土地退化中性世界"。

国际社会在"里约+20"峰会后对防治荒漠化的态度已经不再像过去那样野心勃勃了。这主要出于以下两个方面的考量：第一，自联合国荒漠化会议到《防治荒漠化公约》的缔结生效，全球范围内的荒漠化土地总面积始终处于只增不减的状态；第二，包括防治荒漠化在内的环境保护，都是为了实现人类的福祉，为了实现可持续发展的目标。因此，在这两点认识上，国际荒漠化防治法开始趋向保守。无论是土地退化中性，还是零净土地退化，二者的目的都是一致的，即让全球范围内的土地不再出现新的退化，不再一味地强求土地退化面积的减小。要想使一辆正在倒车的汽车前进，第一件事是先停止倒退，而后才能追求前进。在荒漠化防治中，"停止倒退"指的是荒漠化土地的总面积维持不变，"前进"指的是荒漠化土地面积缩减。未来的世界面临的是不断增长的人口和加速的城市化，这些都需要足够的土地来生产粮食，提供生产生活用地。土地退化中性概念从《联合国气候变化框架公约》和《生物多样性公约》中受到了启发，借鉴了二者的"抵消机制"（off-setting mechanism）。于是《防治荒漠化公约》也不再单纯地要求完全防止土地退化，而是寻求土地的零净损失（zero net loss）。2015年，在土耳其首都安卡拉召开的《防治荒漠化公约》第十二次缔约方大会（COP12）就已对土地退化中性概念的科学定义达成了共识，即土地退化中性指的是在既定的时间和空间范围或生态系统内，土地资源的可持续性或其增加的数量和质量需要能支持生态系统的功能和服务，以及提升食品安全。可以用《防治荒漠化公约》秘书处执行秘书莫妮卡·巴布所举的例子来简单地阐述土地退化中性概念，她在第22个"世界防治荒漠化和干旱日"上说："当前每年全球有1200万公顷的土地正在流失……我们每年也必须恢复同等面积的1200万公顷的退化土地。"这种所谓"抵消机制"同我国土地管理法制实践中的"耕地占补平衡"制度十分类似，即为了发展建设可以利用健康的土地（耕地），但必须补上同等质量和数量的土地（耕地）以保持健康土地总面积的稳定。

2017年，在我国鄂尔多斯举办的《防治荒漠化公约》第十三次缔约方大会（COP13）回顾、总结了"里约+20"峰会精神，依照可持续发展目标第15个主要目标及其下第3个分目标提出了《〈防治荒漠化公约〉2018—2030年战略框架》（以下简称《2018—2030年战略计划》），作为对之前《十年战略框架》的继承与发展。《2018—2030年战略计划》希望在公约的范围内避免、减少并扭转荒漠化、土地退化，减轻干旱对各地区的影响，努力实现土地退化中性世界。该计划提出了5项战略目标，包括：改善受影响生态系统的状况；防治荒漠化和土地退化、促进可持续土地管理并为土地退化中性做贡献；改善受影响地区人口的生活状况；减轻、适应和管理干旱造成的影响以增强脆弱人群和生态系统的复原力；通过有效执行公约以产生全球环境效益，通过建立全球和国家伙伴关系以调动足量的、额外的财政和非财政资源支持公约的执行。[①] 这5项战略目标实际上是对《十年战略框架》战略目标的一种复述。

相比之下，我国采取的环境问题治理模式始终是"自上而下"式的政府主导模式[②]，同时也重视个人和其他社会力量的参与。目前，我国实施了6项规模浩大的造林工程[③]，进而实现了居世界首位的4666万公顷造林保存面积，占世界人工林面积的26%；拥有1.59亿公顷的森林面积和112.7亿立方米的森林蓄积量，森林覆盖率达16.55%。[④] 在政府主导的荒漠化防治模式下，我国荒漠化面积实现了三个监测周期（15年）的持续缩减，被联合国作为成功典型在全球推广。2001年，我国专门制定了《防沙治沙法》以填补荒漠化防治的法律空缺。无独有偶，美国、德国等发达国家防治荒漠化的成功经验也采取了"自上而下"的政府主导模式。美国政府早在20世纪30年代就开始主导制定专门法律限制载畜量，开发节水技术，培育优良畜种，禁止乱垦滥伐。第二次世界大战后的德国也积极倡导城乡环境回归自然，1965年便大规模兴建海岸防风固沙林等大型林业生态工程。[⑤] 国内外的成功实践证明，"自上而下"式政府主导模式能有效防治荒漠化。荒漠化需要政府发挥主导作用，政府的主导

---

① UNCCD, *The Future Strategic Framework of the Convention*, Decision 7/COP.13, 2017.
② 张红杰、徐祥民、凌欣：《政府环境责任论纲》，《郑州大学学报》（哲学社会科学版）2017年第3期。
③ 我国6项造林工程包括天然林保护工程、退耕还林工程、"三北"和长江中下游地区等重点防护林建设工程、京津沙源治理工程、野生动植物保护和自然保护区建设工程、重点地区速生丰产用材林基地建设工程。
④ 徐庆超：《中国实施六大林业重点工程》，中华人民共和国国务院新闻办公室官网，2002年5月14日，http://www.scio.gov.cn/xwfb/gwyxwbgsxwfbh/wqfbh_2284/2002n_13600/2002n05y14r/202207/t20220715_158399.html。
⑤ 江泽慧：《土地退化防治政策与管理实践》，中国林业出版社2011年版，第7页。

性责任则是发挥政府主导作用所必需的。

（二）荒漠化特性决定防治责任主体是政府

荒漠化具有三个重要特性，即地理上的广延性、历史上的频发性和存在的合理性。这三个特性在客观层面上论证了荒漠化防治需要政府，且只有政府负责主导的荒漠化防治才能取得成功。

首先，荒漠化具有地理上的广延性。通过美国农业部发布的《全球荒漠化脆弱性地图》可以发现，荒漠化在人类居住的大洲中普遍存在，其范围不以主权国家的边界为界限（大洋洲除外），而主要以气候带、纬度带等自然标准为界限。广阔的荒漠景观往往跨越国界，广泛分布并绵延千里，其造成的损害也超过某一国家的国界或某一区域的边界。这正是各国共同缔结《防治荒漠化公约》的原因之一。广袤的荒漠化土地无法仅凭几个国家或某些区域性组织的努力便可应付，只有全球各国政府的通力合作才能遏制荒漠化。国际法上能正式代表国家的只有其合法的主权政府，国际合作急需政府之间的紧密联合。除此之外，在一国境内进行荒漠化防治需要举国之力，任何个人、社区、企业和其他组织都无法像一国政府那样具有调动全国资源的权力和能力，并且只有政府才能最大限度地为了国家利益和人民福祉而防治荒漠化。

其次，荒漠化具有历史上的频发性。相比短短两三百年工业革命带来的环境污染，"反复发作"的荒漠化伴随人类文明的整个历程，历史上无数优秀的文明和强大的帝国最终都葬于荒漠化之手。世界先进文明的兴衰更替基本都与人们脚下的土地健康状况息息相关。人类文明和荒漠化之间形成了一个闭环，即寻找健康土地→文明发展→荒漠化→文明衰落→寻找健康土地（通过战争、移民或殖民）。例如，古希腊的兴衰史也是古希腊土地的荒漠化史，其过程是健康土地→人口增长→耕地增加→森林减少→土壤侵蚀→耕地减少→人口减少→土地荒漠化→文明衰亡。① 如今,大量荒漠化产生致使难民通过和平方式移民寻找健康土地的方式已不可行,一是如今的每一寸土地皆存在主权,二是适合人类居住的土地早已人口密集。迫于生存压力,生活在失去生产力土地的农牧民或通过暴力手段从他处攫取健康的土地,或被迫作为生态难民迁徙至他地重谋生计。这些数百万的难民很有可能导致不同国家、不同民族和不同文化之间的冲突甚至战争。我们现在正在经历的工业文明,从长远来看也只是人类历史的一瞬。如果不能有效地保护脚下的表土,那么由人类造成的荒漠化仍会像对待过去的各种人类文明一样将今日的文明画上句号。"文明人跨越过地球表面,在他们足迹所过之处留下一片荒漠。"② 所以,现代民主制度下的服务型政府理应为防止重蹈覆辙而阻止荒漠化对本民族文明的蚕食,也应对国际社会的和平稳定和整个人类文明承担应有的国际责任。

最后,荒漠化的存在具有一定程度的合理性。环境问题的存在具有合理性不是天方夜谭,如果说环境污染、资源短缺的合理性源于人们行使发展权而追求经济增长,那么今日的荒漠化往往是由人们追求基本的生存权导致的。生存权相较于发展权和其他各种权利无疑更具第一性,它是保障其他所有权利实现的基础性权利。现代发展模式形成的过度消费主义对自然造成了巨大的破坏,因此,为保护环境以实现更长远的人类利益而限制被过度行使的发展权便具有合理性。那么,限制为追求基本生存权而进行的极低效的放牧、农垦、樵采和伐木等行为也具有合理性吗?答案是否定的,即使其目的是防治荒漠化。被贴上"过度"标签的各种求生手段往往只能

---

① [美]弗·卡特、汤姆·戴尔:《表土与人类文明》,庄崚、鱼姗玲译,中国环境科学出版社1987年版,第76页。
② [美]弗·卡特、汤姆·戴尔:《表土与人类文明》,庄崚、鱼姗玲译,中国环境科学出版社1987年版,第3页。

勉强维持，甚至不能满足当地居民的温饱，若以正义的人类中心主义环境伦理观来审视①，通过"侵犯"自然利益而追求生存权利的行为则绝非真正的"过度"。对于荒漠化土地而言，这些行为的确是超出其承载力的"过度"行为；而对于当地居民而言，所有追求生存权的行为都具有无可争辩的合理性。无论是土地还是其他自然资源，满足当代人的基本需求永远是第一位的。相比环境污染，"合理的"荒漠化需要的绝非对荒漠化"直接责任人"的"过度"行为进行禁限或制止，也并非单纯地提高植被覆盖率。荒漠化防治需要的是政府通过采取包括生态修复、生态补偿、生态移民在内的各种有效制度和措施最大限度地保障当地居民生存权，进而实现荒漠减少、人民脱贫致富这一根本目标。有能力且有意愿实现这一目标的不是个人、社区、企业或其他组织，只能是代表人民利益、为人民服务的政府。

（三）荒漠化防治立法将责任指向政府

我国官方将荒漠化分为四类，即风蚀荒漠化、水蚀荒漠化、土壤盐碱化和冻融荒漠化。由于现阶段没有一部专门的荒漠化防治法，围绕这四类荒漠化寻找相关法律，可以发现，现阶段存在的是以《宪法》为根本大法、"二专多维"的荒漠化防治法律体系。这些立法以政府"应为"的方式将荒漠化防治责任指向政府，让政府履行防治责任有法可依。我国政府防治荒漠化的责任可分为两个层次，分析相关立法可将其归纳为总分结构。

"总"可表述为国家具有防治荒漠化的责任。我国《宪法》宣示了保护环境的国家意志，将"保护和改善生活环境和生态环境，

---

① 巩固：《环境伦理学的法学批判——对中国环境法学研究路径的思考》，法律出版社2015年版，第71页。

防治污染和其他公害"①的责任加给国家。《环境保护法》规定"国家……保护和改善环境"②，《草原法》规定"国家对草原实行……全面保护"③，《水法》也规定"国家……采取有效措施……防治水土流失"④，等等。这些条款原则上赋予了国家防治荒漠化的责任，进而为政府负责防治荒漠化提供了法律依据⑤。"分"可表述为中央政府和地方各级政府应对辖区内的荒漠化防治负责。《防沙治沙法》规定："国务院和沙化土地所在地区的县级以上地方人民政府……保障和支持防沙治沙工作……"，"沙化土地所在地区的地方各级人民政府，应当采取有效措施，预防土地沙化，治理沙化土地，保护和改善本行政区域的生态质量"，"国务院领导……全国防沙治沙工作"。⑥《草原法》规定了"各级人民政府应当加强对草原保护"⑦，《水土保持法》规定了"县级以上人民政府应当加强对水土保持工作的统一领导"⑧。分析可见，防治荒漠化的政府责任被法律指向了中央政府和地方政府。除了上述法律，作为规范性文件的《防沙治沙决定》将政府负责制纳入防沙治沙工作，让"沙区地方各级人民政府对本行政区域的防沙治沙工作负总责"⑨。这表明，我国荒漠化防治的责任在政府，但也着重强调了防治责任在地方政府。此外，《防治荒漠化公约》开篇承认的政府在荒漠化防治中起"关键"作用也为荒漠化防治的政府责任提供了国际法依据。

---

① 《中华人民共和国宪法》第 26 条。
② 《中华人民共和国环境保护法》第 4 条。
③ 《中华人民共和国草原法》第 3 条。
④ 《中华人民共和国水法》第 9 条。
⑤ 从国家的环保责任推导出政府的环保责任，参见刘长兴《环境保护的国家义务与政府责任》，《法治论坛》2018 年第 4 期。
⑥ 《中华人民共和国防沙治沙法》第 4、第 5 条。
⑦ 《中华人民共和国草原法》第 4 条。
⑧ 《中华人民共和国水土保持法》第 4 条。
⑨ 《国务院关于进一步加强防沙治沙工作的决定》第 27 条。

二 政府防治荒漠化责任的完善

面对仍占国土面积 1/4 的荒漠化土地，让政府认真负责、积极履责、有效担责刻不容缓。"让政府责任法制化是责任政府、法治政府、服务政府的题中应有之义。"① 所以，应立法把政府防治荒漠化的责任纳入法制轨道。在法律的基础之上，通过健全任期目标责任考核制和中央环保督察制以使政府担责法制化，进而促进政府积极履行荒漠化防治的责任。

(一) 立法明确荒漠化防治的主导责任及其主体

第一，出台专门的、综合性的《荒漠化防治法》，明确表述政府防治荒漠化的主导责任。长期以来，我国始终没有一部针对荒漠化的立法出台，考虑到荒漠化防治的复杂性和所涉部门众多，各相关立法的宗旨各不相同，严重妨碍了政府防治荒漠化工作的顺利开展②。随着我国荒漠化防治法律体系的完善和政府环保责任理论的丰富，国家立法机关应出台一部关于荒漠化防治的法规，以明确政府防治荒漠化的责任已不存在合法性和技术性障碍。同时，应明确地把"政府主导责任"作为一般原则规定下来，把荒漠化防治的主导责任而非一般意义上的普通责任加给政府，即荒漠化防治的主要责任在于地方政府，同时，也可作出中央政府防治荒漠化责任的表述。

第二，明确防治荒漠化的责任主体为中国防治荒漠化领导小组和地方政府及二者的行政首长。立法上，让地方政府成为责任主体并无障碍，让中央政府负责并积极履责也具可行性。但是，让中央

---

① 田思源：《论政府责任法制化》，《清华大学学报》(哲学社会科学版) 2006 年第 2 期。
② 杜德鱼、李拴斌、郭风平：《关于防治荒漠化的法律政策思考》，《陕西师范大学学报》(哲学社会科学版) 2000 年第 S1 期。

政府及其最高行政首长担责是不符合政治逻辑的。为了让中央政府责任不仅仅成为一种宣示，关于荒漠化防治的法规可以尝试将履责和担责交给代行使荒漠化防治职责的新部门——中国防治荒漠化领导小组，对其进行"赋权"和"赋责"。

一是充实现存的荒漠化协调小组的权力，即"赋权"。如今的荒漠化协调小组在荒漠化防治中发挥的作用有限，具体工作主要由国家林草局执行。实践中，荒漠化协调小组涉及诸多国家部级单位，其本应具有高效解决部门权力重叠问题的能力。但是，由副部级的国家林草局领导任组长来负责协调其他正部级单位共同防治荒漠化的实际效果并不理想。因此，将荒漠化协调小组转变为领导能力更强、行政级别更高的中国防治荒漠化领导小组，其组长可由更高级别的中央政府领导兼任而非国家林草局局长兼任，其组员也应由相关部委的"一把手"而非"副手"兼任，使其由"协调"功能转变为"领导"功能。二是让中国防治荒漠化领导小组的"一把手"代负全国荒漠化防治的总责，让相关部委的"一把手"负与部门职责相对应的责任，以激励各部门通力合作、积极履责，即"赋责"。在出现全国性的涉及荒漠化的重大问题时，由组长负责。例如，对于由国家政策或决策导致的全国荒漠化总体任务不达标或荒漠化加剧，组长应负总责。在涉及具体职能部门导致的问题时，由其部门首长负责。例如，对于由水利部监制建筑的某黄河水利工程导致的水蚀荒漠化加剧，则水利部首长应负主责，而组长负连带责任。在地方政府责任方面，《荒漠化防治法》应把荒漠化防治的责任主体明确为地方各级政府"一把手"，实施政府行政首长负（总）责制[①]。除了实施行政首长负责制，还应让政府作为单独的责任主体承担起诉讼

---

① 政府行政首长负责并不意味着其他承担荒漠化防治责任人不需要担责。政府行政首长承担的是总责，其他责任主体依据法律赋予的职责大小和造成损失的程度来担责。

责任、侵权赔偿责任和补偿责任。在石光银这一案例中，中央政府和地方政府应积极承担起补偿责任；对因荒漠化防治造成的有争议的损失，政府有义务承担起诉讼责任并依据法院裁决给予赔偿。

（二）健全荒漠化防治任期目标责任考核制

第一，在对地方政府进行传统考核时，可对症下药。一是扩大考核的范围和对象。将荒漠化防治任期目标责任考核范围扩展到所有存在荒漠化省份的各级政府，将考核对象扩展至中国防治荒漠化领导小组。二是科学化考核标准。依照荒漠化地区所需要的环境品质将考核标准细化，将环境质量目标主义贯彻到考核标准的制定和分数的分配中。[①] 三是严格考核程序，转变考核方式。让考核程序从"室内""纸面"考察转变为实地考察、突击检查。四是提升考核结果在政绩考核中的地位，发挥让行政首长"能上能下"的奖惩激励作用。政绩考核对地方各级政府的环保能力建设具有十分重要的作用，提升荒漠化防治目标责任考核在政绩考核中的比例也会极大提高政府的积极性。同时，将荒漠化防治目标责任的考核结果作为领导干部能否胜任职位的重要依据，充分发挥考核结果的奖惩激励作用，使荒漠化防治成果突出的干部获得更多的晋升机会，将引咎辞职、调离领导岗位、撤职等严格的惩罚方式作为领导干部不作为、乱作为的负向激励措施。鉴于荒漠化发展的长期性和隐蔽性，任期目标责任考核制还应有终身追责制和离任审计制的共同配合。

第二，在对中国防治荒漠化领导小组进行考核时，需要效力位阶更高的立法并设计新的考核评价主体。为节约行政成本，不应设立新的考核评价机构。面对高级别的中国防治荒漠化领导小组，能

[①] 徐祥民：《环境质量目标主义：关于环境法直接规制目标的思考》，《中国法学》2015年第6期。

起到最有效、最直接监督作用的是中央政府的行政首脑和国家最高立法机关。考虑到行政效率，让中央政府的行政首脑对其进行监督更为可行。另外，中国防治荒漠化领导小组的职责，一是领导各机构协同防治荒漠化，二是代替中央政府负责和担责。考虑到权力的同质性，让其对全国人大负责、受其监督也十分必要。中央政府可委托多个第三方科研院所提供全国性的荒漠化先期数据，设置防治任务，并提供最终完成程度报告。中央政府可将最终报告纳入年度政府工作报告，让最高权力机关进行审议。此外，应由国务院出台更高位阶的考核办法以替代现行的、效力较低的《防沙治沙考核办法》，由此可为中国防治荒漠化领导小组和省级政府的任期目标责任考核提供更有力的规范。

（三）完善中央环保督察制

扩大中央环保督察的权限和范围，发挥中央环保督察的灵活性和机动性，充分运用中央环保督察结果。首先，中央环保督察组可以吸收更多涉及荒漠化防治职能的中央行政部门加入，也可以寻求与中国防治荒漠化领导小组的联合督察。督察时应对所有存在荒漠化的省份给予关注，并将环境污染防治和荒漠化防治并重。其次，由于中央环保督察组的权限较大，其在突击检查中遇到的阻力较小，从而最能获取贴近实际的第一手资料。因此，在对荒漠化地方政府防治成果的督察中做到不事先"打招呼"，也可以最大限度减少数据作假并极大提高政府防治积极性。最后，中央环保督察组因特殊的身份和权力可对荒漠化地方的党政"一把手"产生威慑力，所以充分运用督察结果以实现"党政同责"和"一岗双责"也可以督促政府高效履行荒漠化防治的责任。

总之，荒漠化的特性和客观实际使其防治工作具有长期性和艰巨性，因此让政府认真负责、积极履责和有效担责以发挥其主导作用势在必行。在依法治国的今天，需要认真考量荒漠化防治政府责任的法制化。此外，通过任期目标责任考核及中央环保督察让政府承担不利后果是否能让政府积极履责也受到了质疑，因为"对相关人员规定违法责任是必要的，但违法责任绝对不能产生'积极责任'所能创造的业绩"。所以，在未来政府责任的法制构建中也应充分考虑如何能让政府更好地履行"积极责任"或"建设性责任"。[①] 此外，还应重视和发挥"第四权力"媒体及群众的监督作用为政府权力（责任）"套上枷锁"。多年的环保实践已经证明，我国群众的投诉对提高政府治理环境的效果有至关重要的影响。[②] 因此，未来关于荒漠化防治的法规应赋予二者更多的权利，使其能够参与荒漠化防治的立法、决策、管理和监督。

[①] 徐祥民：《地方政府环境质量责任的法理与制度完善》，《现代法学》2019 第 3 期。
[②] 孙伟增等：《环保考核、地方官员晋升与环境治理——基于 2004—2009 年中国 86 个重点城市的经验证据》，《清华大学学报》（哲学社会科学版）2014 年第 4 期。

第五章　荒漠化防治的规划制度

规划实际上就是某一主体在综合考虑多种因素和信息的基础上，对未来一定时期内所要实现的目标、需要完成的任务，以及相应的行动方案等作出的整体性安排，具有时间性、综合性、预测性等特征，政府规划一般还具有强制性特征。简言之，规划实际上就是某一主体作出的整体性未来发展蓝图，以及为实现该蓝图制定的行动方案。在现实中，政府的各个部门都有自己的规划。当然，政府主导的荒漠化防治工作也必须做到规划先行。正是在这种意义上，荒漠化防治规划实际上也是预防原则的一种体现，在本质上应当属于荒漠化防治中的预防性制度。但是，因为规划本身不仅在荒漠化预防实践中和荒漠化治理实践中都起到了极其重要的指导作用，而且规划制度与一般的预防制度存在差异，所以笔者在将荒漠化预防制度和荒漠化治理制度分列的情况下，有必要将荒漠化防治的规划制度单独加以论述。

一　各单行法对荒漠化防治相关规划的规定及其冲突

在现实中，有多少部环境资源单行法，就有多少个相对应的环境资源管理部门和机构，也就有多少种环境资源单项规划。每一部环境资源单行法都重视相应的规划并作出相应的规定。在此，基于前文的研究，仅对涉及荒漠化防治单行法中的规划制度加以考察。

（一）防沙治沙规划

《防沙治沙法》的第一条原则——"统一规划，因地制宜，分步实施，坚持区域防治与重点防治相结合"，实际上明确了防沙治沙规划在荒漠化防治中的重要地位。防沙治沙规划属于环境规划，"规划"一词本身就具有未雨绸缪、防微杜渐的内涵，其作为防治环境问题的重要法律手段不仅有效，而且应当是首要的。督促政府履行环境质量责任的重要举措之一便是建立经济社会发展与环境保护规划制度。① 防沙治沙规划体现的正是《防沙治沙法》"预防土地沙化"这一首要目的。在该法的第二章"防沙治沙规划"中，对如何具体实施"统一规划"这一原则进行了较为专门、详细的规定。防沙治沙规划的内容主要包括：对沙化土地（已经沙化和具有明显沙化趋势的土地）的范围进行确定；对防沙治沙和开发利用的沙化土地进行规制，对遏制、减少沙化土地的时限、步骤、措施进行明确规定；对沙化土地封禁保护区的范围进行规定；将具体实施方案纳入国民经济和社会发展五年计划和年度计划。② 防沙治沙规划的制定、审批和修改程序上可以分为中央、省、市（地）、县（市）四级：全国防沙治沙规划由国家林草局行政主管部门会同国家农业、水利、土地、生态环境等有关部门编制，报国务院批准后实施；省级防沙治沙规划依据全国防沙治沙规划编制，报国务院或其指定的有关部门（一般为国家林草主管部门）批准后实施；沙区的市、县依上一级防沙治沙规划编制本辖区防沙治沙规划，报上一级政府批

---

① 徐祥民：《地方政府环境质量责任的法理与制度完善》，《现代法学》2019 第 3 期。
② 《中华人民共和国防沙治沙法》第 2、第 10、第 12 条。

准后实施；这些防沙治沙规划的修改需由批准机关同意。[①] 在进行防沙治沙规划时还充分考虑了"因地制宜"原则，即在制定规划时将沙化土地的特有自然条件纳入考量，如地理位置、土地类型、植被、气候和水资源等状况；对不具备治理条件，以及不宜开发利用的连片沙化土地采取封禁保护。[②] 由于我国大部分的土地沙化地区处于旱区，其水资源十分匮乏，在防沙治沙时应充分考虑水资源这一限制性条件。具体而言，县级以上地方政府的水行政主管部门在制定流域和区域水资源开发利用规划和供水计划时应将整个流域和区域植被保护的用水需求纳入考量，防止因过度开采地下水和上游水资源而导致土地沙化。[③] 由于我国各种级别、不同类型的规划层出不穷，防沙治沙规划作为较弱势的一种规划应该与其他规划相互衔接、协调。防沙治沙规划中规定的具体实施方案不仅应纳入国民经济和社会发展五年计划和年度计划，还应与土地利用总体规划相衔接，尤其是沙化土地的用途规定应符合土地利用总体规划[④]。

《防沙治沙决定》也对防沙治沙规划作出了较为细致的规定。它明确了防沙治沙规划中以下四个方面的内容：一是编制实施防沙治沙规划的责任主体为沙区县级以上政府；二是防沙治沙规划应纳入同级国民经济和社会发展规划，并同水资源规划、生态建设规划及土地利用总体规划相衔接；三是全国、省级、市（地）、县（市）四级防沙治沙规划的审批细节、流程；四是建立健全地方各级政府组织实施防沙治沙规划责任制，"将规划任务落实到具体工程项目和年度目标"，并定期对实施情况评估检查以确保规划的有效落实。[⑤]

---

① 《中华人民共和国防沙治沙法》第 11 条。
② 《中华人民共和国防沙治沙法》第 12 条。
③ 《中华人民共和国防沙治沙法》第 19 条。
④ 《中华人民共和国防沙治沙法》第 13 条。
⑤ 《国务院关于进一步加强防沙治沙工作的决定》第 8 条。

上述规定涉及防沙治沙规划的主要内容、编制要求及实施监督等方面。

（二）水土保持规划

在水土保持规划方面，《水土保持法》对编制规划的原则、程序、内容、制定主体等方面作出了制度性安排。总体而言，水土保持和防沙治沙一样都应纳入国民经济和社会发展规划①，成为大规划下的子规划。就水土保持专项规划而言，具有制定规划资格的主体为县级以上政府的水行政主管部门，其依据相关调查事实结果制定水土保持规划，在本级政府或其授权部门批准后实施。② 相较于水土保持规划，防沙治沙规划的制定主体（中央林草主管部门和县级以上政府）和批准程序就显得更加权威和严格，也让政府责任更为突出。中央和省级水行政主管部门定期进行水土流失调查并予以公告③，县级以上政府应依据调查结果划出水土流失重点预防和治理区④。在编制水土保持规划的过程中，应以上述的调查结果、划定的重点防治区为依据，坚持统筹协调、分类指导的原则。⑤ 同时，水土保持规划主要包括五项内容和两个部署，其中：五项内容包括水土流失的状况、类型区划分、防治目标、任务和措施；两个部署包括流域、区域防治水土流失、保护和适度利用水土资源的整体部署，据此对水土保持专项工作或特定区域防治工作进行专项部署。在制定水土保持规划时，还应考虑同城乡规划、水资源规划、土地利用总体规划、环境保护规划相协调。⑥ 另外，当一些如基建、城建、采

---

① 《中华人民共和国水土保持法》第 4 条。
② 《中华人民共和国水土保持法》第 14 条。
③ 《中华人民共和国水土保持法》第 11 条。
④ 《中华人民共和国水土保持法》第 12 条。
⑤ 《中华人民共和国水土保持法》第 10 条。
⑥ 《中华人民共和国水土保持法》第 13 条。

矿、公共服务等规划的实施可能对当地水土保持造成不利影响时，应在编制时将水土保持的内容纳入考量，在报请审批前征询本级政府水行政主管部门的意见。①

(三) 土地利用总体规划

《土地管理法》第一章和第三章对土地利用总体规划作出明确规定。根据《土地管理法》的规定，我国实行严格的土地用途管理控制，将土地用途分为农用地、建设用地和未利用地，明确写入土地利用总体规划，任何单位和个人不得违反土地利用总体规划规定的依据土地用途对土地进行开发利用。② 土地利用总体规划的编制应当建立在客观事实的基础上，依据"国民经济与社会发展规划、国土整治与资源环境保护要求、土地供给能力及各项建设对土地的需求"进行编制③；编制过程应遵循六大基本原则，其中除严格土地用途管制和保护基本农田及耕地外，还要统筹安排生产、生活与生态用地，保护和改善生态环境，实现土地的可持续利用④。《土地管理法》还对原有的土地总体规划制度进行了改革，创设了国土空间规划体系。国土空间规划坚持生态优先和绿色、可持续发展，各类开发、保护、建设活动应以其为基本依据。⑤ 国土空间规划是新时期下"多规合一"的示范。它的出现不仅取代了传统的国土空间规划和城乡规划，其以生态优先的核心价值还将弥合土地利用规划和防沙治沙规划、水土保持规划间的冲突。但是，国土空间规划还在逐步实践中，并没有完全取代现有的土地利用总体规划。对于特殊地域的土地，如"在江河、湖泊、水库的管理和保护范围以及蓄洪滞洪区内"，《土

---

① 《中华人民共和国水土保持法》第15条。
② 《中华人民共和国土地管理法》第4条。
③ 《中华人民共和国土地管理法》第15条。
④ 《中华人民共和国土地管理法》第17条。
⑤ 《中华人民共和国土地管理法》第18条。

地管理法》要求"土地利用应当符合江河、湖泊综合治理和开发利用规划，符合河道、湖泊行洪、蓄洪和输水的要求"，从而实现土地利用总体规划与江河湖泊综合治理及开发利用规划相衔接。[1] 此外，《土地管理法》还对土地利用总体规划的审批、修改和执行等事项作了相应的规定。

（四）水资源规划

开发、利用、节约、保护水资源和防治水害事关经济社会发展的大局和人民群众的根本利益，必须统一规划；而制定不同的水资源规划应以水资源基本状况和国民经济及社会发展对水资源的各项需求为根据。《水法》规定了三类涉水规划，包括全国水资源战略规划、流域（综合或专业）规划和区域（综合或专业）规划，三者共同构成我国水资源规划体系。其中，流域和区域的综合规划还应同国民经济和社会发展规划、土地利用总体规划、城市总体规划，以及环境保护规划相协调。[2]

《水法》规定，"国家制定全国水资源战略规划"[3]。全国水资源战略规划是宏观规划，主要是在查清我国水资源及其开发利用现状、分析评价水资源承载能力的基础上，根据水资源的分布和经济社会发展整体布局，计划水资源的配置和综合治理问题。2002年，由国家发改委和水利部牵头调研、编制的《全国水资源综合规划》于2010年获得了国务院的批复[4]，这是我国第一部全国水资源战略规划。《水法》规定，"开发、利用、节约、保护水资源和防治水害，应当按照流域、区域统一制定"流域规划和区域规划。流域规划和

---

[1] 《中华人民共和国土地管理法》第22条。
[2] 《中华人民共和国水法》第14、第15条。
[3] 《中华人民共和国水法》第14条。
[4] 《〈全国水资源综合规划〉概要》，《中国水利》2011年第23期。

区域规划均包括综合规划和专业规划两大类。其中，"区域规划应当服从流域规划"。关于综合规划和专业规划，《水法》对二者作了如下定义："综合规划，是指根据经济社会发展需要和水资源开发利用现状编制的开发、利用、节约、保护水资源和防治水害的总体部署。专业规划，是指防洪、治涝、灌溉、航运、供水、水力发电、竹木流放、渔业、水资源保护、水土保持、防沙治沙、节约用水等规划。"二者的关系为"专业规划应当服从综合规划"①。

在流域规划和区域规划中，还可以再制定相关的综合规划和专业规划。综合规划以经济社会发展需要和水资源开发利用现状为中心制定，专业规划则依据水土保持、防沙治沙、治涝等领域的用水需求进行专门制定。值得注意的是，专项规划应服从综合规划，这意味着荒漠化防治所需水资源应先满足经济社会的用水需求。水资源规划将荒漠化防治用水需求考虑进去，为解决旱区的生态环境问题奠定了基础。同时，《水法》还明确要求合理规划以分配生产、生活和生态环境用水。② 但长期以来，水资源主要集中在生活和生产用水领域，生态环境用水所需份额被严重压缩。虽然充足的生活、生产用水是保民生、促发展的基础，但是这两个方面的用水存在严重的浪费。荒漠化是生态环境用水紧缺导致的环境退化，因此迫切需求更为合理的水量分配。《水法》要求在旱区用水时必须考虑生态环境的用水需求。③ 此外，《水法》还对水资源规划的编制、审批、备案等内容作了相应的规定。

(五) 森林规划

《森林法》虽然与荒漠化防治具有较为紧密的联系，但是并没有

---

① 《中华人民共和国水法》第14、第15条。
② 《中华人民共和国水法》第4条。
③ 《中华人民共和国水法》第21条。

对森林资源的保护规划作出相应规定,而只对林业长远发展规划作了简单的规定,即各级人民政府应当制定林业长远规划,并且要求国有林业企业事业单位和自然保护区按照林业长远发展规划制定相应的森林经营方案。[1] 但是,该规划本质上不是森林资源的保护规划,而是作为国民经济部门分支之一的林业的发展规划,重在经济的持续增长。2003年6月,《中共中央 国务院关于加快林业发展的决定》(以下简称《林业发展决定》)发布实施。作为党内法规,《林业发展决定》虽然不属于正式立法,但其对荒漠化防治具有重要的影响。《林业发展决定》丰富了林业发展的内涵,提出了更为"绿色"的发展理念,从而直接推动了荒漠化防治法律制度的完善。森林是防治土地荒漠化的生态屏障,但因国家经济建设和人民生活的需要而长期将林业经济的发展放在首要位置。这种传统的以物质增长为首要目标的林业发展政策导致了森林资源的破坏,让不少土地失去保护而退化成荒漠。在认识到森林的重要生态价值后,以满足生态需求为首要任务的新型林业发展方式出现,以木材生产为主的传统林业发展方式成为历史。荒漠化防治法律体系和制度的完善离不开林业法律和制度的发展,新型林业发展的思想为荒漠化防治法律和制度构建提供了生态优先这一根本原则。荒漠化防治立法中鲜有以生态优先为立法目的法律,但未来出台一部完整的荒漠化防治法规必须协调好旱区生态环境和经济发展之间的矛盾。利用各种方式促进林业经济效益和社会效益的增长是重要且必要的,但生态效益应摆在二者之前。这正是《林业发展决定》给林业发展定下的基调。

《退耕还林条例》设专章规定退耕还林规划。其主要内容如下:(1)编制程序。退耕还林总体规划由国务院林业行政主管部门编制,

---

[1] 《中华人民共和国森林法》第16条。

经国务院西部开发工作机构协调、国务院发展计划部门审核后，报国务院批准实施。省、自治区、直辖市人民政府林业行政主管部门根据退耕还林总体规划会同有关部门编制本行政区域的退耕还林规划，经本级人民政府批准，报国务院有关部门备案。(2) 规划的内容。退耕还林规划应涵盖范围、布局和重点，年限、目标和任务，投资测算和资金来源，效益分析和评价，保障措施五个方面的内容。(3) 规划的限制性要求。一是退耕还林规划应当与国民经济和社会发展规划、农村经济发展总体规划、土地利用总体规划相衔接，与环境保护、水土保持、防沙治沙等规划相协调；二是退耕还林必须依照经批准的规划进行，未经原批准机关同意，不得擅自调整退耕还林规划；三是省、自治区、直辖市政府的林业行政主管部门根据退耕还林规划，会同有关部门编制本行政区域下一年度退耕还林计划建议，由本级人民政府发展计划部门审核，并经本级政府批准后，报国务院西部开发工作机构、林业、国务院发展计划等有关部门。

(六) 草原规划

与《森林法》不同，《草原法》第三章专门对草原规划制度进行了较为详细的规定，主要内容有如下两点。一是草原规划的编制体制。草原规划编制实行统一与分散相结合的体制。《草原法》规定："国家对草原保护、建设、利用实行统一规划制度。国务院草原行政主管部门会同国务院有关部门编制全国草原保护、建设、利用规划，报国务院批准后实施。县级以上地方人民政府草原行政主管部门会同同级有关部门依据上一级草原保护、建设、利用规划编制本行政区域的草原保护、建设、利用规划，报本级人民政府批准后实施。经批准的草原保护、建设、利用规划确需调整或者修改时，须经原批准机关批准。"① 二是草原规划的编制原则及主要内容。草原规划编制应当遵守以下五项原则：改善生态环境，维护生物多样性，促进草原的可持续利用；以现有草原为基础，因地制宜，统筹规划，分类指导；保护为主、加强建设、分批改良、合理利用；生态效益、经济效益、社会效益相结合；草原规划同相关规划相衔接与协调。草原规划的内容包括"草原保护、建设、利用的目标和措施，草原功能分区和各项建设的总体部署，各项专业规划等"②。因此，编制草原规划应遵循的原则如"改善生态环境"、"保护为主"和"生态效益"，都为防治草原荒漠化奠定了基础。此外，《草原法》还要求草原规划和防沙治沙规划相协调，这一点也体现了荒漠化防治的要求。③

（七）环境保护规划

环境保护规划是指以防治污染和保护生态环境为目标而制定的各种规划的统称。根据时间、地域和环境要素等可以对环境保护规划作进一步的划分。例如，环境保护规划从时间跨度上可分为长期环境保护规划、中期环境保护规划及年度环境保护规划等，从覆盖地域和行政管理上可分为全国环境保护规划、省自治区直辖市环境保护规划、流域环境保护规划、城市环境综合整治规划、区（县）环境保护规划、重点企业污染防治规划等，从环境要素上可分为水、大气、固体废物、噪声环境污染防治规划及生态保护规划等。根据《环境保护法》的要求，即环境保护规划必须依据国民经济与社会发展规划，并且要与主体功能区规划、土地利用总体规划和城乡规划等相衔接，内容主要包括生态保护和污染防治的目标、任务和相应

---

① 《中华人民共和国草原法》第 17 条。
② 《中华人民共和国草原法》第 19 条。
③ 《中华人民共和国草原法》第 18、第 19、第 20 条。

的保障措施等。①

　　从防沙治沙规划、水土保持规划这类专项性规划，到与土地利用、环境保护有关的土地利用总体规划、环境保护规划，再到我国《宪法》规定的国民经济和社会发展规划这一最为重要的规划，它们对荒漠化的严峻性、防治措施、防治范围、配套保障措施等进行了全局性的规划。现阶段专门的防沙治沙、水土保持规划和诸多有关的重要规划共同组成了荒漠化防治规划。一方面凸显了荒漠化防治规划的重要性，另一方面让荒漠化防治规划难以产生规划应有的巨大功能。以防沙治沙规划为例，《防沙治沙法》要求防沙治沙规划应与土地利用总体规划相衔接，且沙化土地用途应符合土地利用总体规划。这条规定将防沙治沙规划的地位置于土地利用总体规划之下，而这两个规划出自具有不同职能和分工的部门——原国家林业局和原国土资源部。防沙治沙规划是为了防治旱区的土地沙化，其重心在于防治和保护；土地利用总体规划是为了利用土地，其重心在于利用。即便现在要求土地利用总体规划必须注重生态环境，但其根本目的仍难以改变。因此，当制定、实施防沙治沙规划时，发现其与土地利用总体规划的内容相左时，地方政府无疑以土地利用总体规划为重。现阶段，"多规合一"正在进行如火如荼的论证，防沙治沙规划实际上也面临"多规冲突"的困境。上述规划的相关内容在某种意义上都可以作为我国荒漠化防治规划制度的组成部分，但由于这些规划出自不同的行政主管部门，编制的依据、术语、基础数据、起始时间及规划时间也都不同，上述诸多规划在实现荒漠化防治这一目标上存在一定的冲突，具体表现在以下两个方面。

　　第一，规划的主体不一致，规划旨在达成的主要目标和完成的任务不同，导致规划的内容存在冲突。不同的领域存在不同的规划，

---

① 《中华人民共和国环境保护法》第13条。

不同领域的规划都由相应的行政主管部门编制，从而导致有多少个行政主管部门就有多少种规划；反过来，有多少种不同领域和行业的规划，也就有多少个不同的规划编制主体部门。例如，环境保护规划由环境保护主管部门编制，防沙治沙规划、林业长远发展规划、草原规划由林业和草原行政主管部门编制，土地利用总体规划由国土资源行政主管部门具体编制，水土保持规划和水资源规划由水行政主管部门编制。尽管相关法律规定相应主体在编制规划时应当与其他相关规划相衔接，并与其他行政主管部门合作，但不同主体制定的规划所要实现的主要目标、解决的主要问题不同，不同部门之间的信息沟通机制也存在诸多不畅，导致其制定的相应规划具有不一致性。这致使不同规划针对同一环境资源要素可能作出不同的甚至矛盾的规定。这些冲突已经在我国的规划实践中有所体现。正如有的学者所指出的，"据不完全统计，我国政府出台的规划多达200余种，体系庞杂，数量巨大，部分呈现'各自为政，争当龙头'的局面"[1]。

第二，不同的规划在编制时使用的术语、数据不同，起止年限也不一致，增加了不同规划之间的协调难度。例如，土地利用总体规划一般为15年，城乡总体规划一般为20年，环境保护规划一般为5年，《全国防沙治沙规划（2011—2020年）》为10年，《全国水土保持规划（2015—2030年）》为15年。水土保持综合规划和专项规划均按照《水土保持规划编制规范》（SL 335—2014）进行编制，环境保护规划一般按照环境保护规划编制技术导则进行编制，土地利用总体规划一般按照土地利用总体规划编制规程进行编制。因此，不同的规划都按照不同的技术标准进行编制，这就容易让这

---

[1] 唐燕秋等：《关于环境规划在"多规合一"中定位的思考》，《环境保护》2015年第7期。

些规划对同一环境问题（如荒漠化）产生不同的理解并作出不同的规定。

二 "多规合一"背景下荒漠化防治规划的完善

为了解决不同类型的规划相互独立、自成体系、内容缺乏衔接和相互冲突的问题，国家发改委等四部委联合发布《关于开展市县"多规合一"试点工作的通知》，在全国28个市县试点实施"多规合一"。所谓"多规合一"，是指在一级政府一级事权下，强化国民经济和社会发展规划、城乡规划、土地利用规划、环境保护、文物保护、林地与耕地保护、综合交通、水资源、文化与生态旅游资源、社会事业规划等各类规划的衔接，确保"多规"确定的保护性空间、开发边界、城市规模等重要空间参数一致，并在统一的空间信息平台上建立控制线体系，以实现优化空间布局、有效配置土地资源、提高政府空间管控水平和治理能力的目标。实际上，多规合一就是把同一级政府各部门制定的多种规划协调起来，其最佳状态就是实现同一级政府一本规划、一张蓝图。

在市县多规合一试点实践的基础上，2017年1月，中共中央办公厅、国务院办公厅印发了《省级空间规划试点方案》，并将浙江、福建、吉林、贵州等7省市纳入试点地区。该试点方案针对空间规划，旨在将省级的空间规划统一起来，具体而言，就是划定"三区三线"即"城镇、农业、生态空间以及生态保护红线、永久基本农田、城镇开发边界"，为实现多规合一奠定基础。

但是，目前的试点工作及理论研究对于如何实现多规合一，仍然存在不同的理解。有研究者认为多规合一就是用一个新的统一规划代替现有的众多规划，也有研究者认为多规合一实际上就是要建立一个统一协调机制，使现有的诸多规划协调一致。实践中有"1+4+X"模式，也有"1+3+X"模式。"1+4+X"模式就是以发展总体规划为龙头，以国民经济和社会发展规划、环境保护规划、城乡规划、土地利用规划为核心，在加上水利、交通、林业、农业等多个规划组成的一个规划体系；而"1+3+X"模式就是在核心规划4个规划中任意取三个。从各地的试点经验来看，无论是什么模式的多规合一，关键就是要改革现有的规划编制与审批机制，建立信息共享机制，从编制、审批、实施监督等多个环节实现各类规划之间的充分有效衔接。因此，基于多规合一的理论研究和实践经验，对我国荒漠化防治规划制度的完善提出以下三个方面的建议。

（一）定目标

充分发挥国民经济与社会发展总体规划的定目标与统领指导作用，将荒漠化防治的总体目标明确写入国民经济与社会发展总体规划。20世纪70年代前，我国发展规划的内容使用的国民经济计划是指"某一国家或地区范围内物质生产部门和非物质生产部门的总体"，但主要侧重经济发展，即与物质生产活动直接有关的内容。改革开放后，社会经济发展范围远远超越物质生产领域，原来主要指物质生产活动的"国民经济"概念已难以涵盖国家规划的内容范围。于是从"六五"计划开始改称"国民经济和社会发展计划"，意指国家发展规划的内容不仅包括物质生产活动的"国民经济"，而且涵盖非物质生产活动的"社会发展"。此后，由于科学技术的飞速发展和科学技术在经济发展中的特殊重要作用，又形成了经济发展规划、科技发展规划和社会发展规划这样的规划体系。"十二五"规划则使用了"国民经济和社会发展总体规划"这一总括性称呼。国民经济和社会发展总体规划是对我国整个经济社会发展的总体布局，五年为一个期限。

从我国目前已经实施的国民经济与社会发展总体规划来看，该规划涉及全社会各领域，范围广、内容多，因此，该总体规划都是针对某一领域作出相应的指导性安排。由于荒漠化防治属于环境保护领域的一个分支，不可能在国民经济与社会发展总体规划中开辟专编或专章对其加以规定。例如，《中华人民共和国国民经济和社会发展第十一个五年规划纲要》将环境保护领域集中规定在第六编"建设资源节约型、环境友好型社会"中，用五章分别对"发展循环经济""保护修复自然生态""加大环境保护力度""强化资源管理""合理利用海洋和气候资源"加以规定，其中，"保护修复自然生态"对"生态保护重点工程"的规定，涉及如下荒漠化防治的重点工程：退耕还林还草，即在长江、黄河流域水土流失及北方风沙地区等继续实施退耕还林还草；退牧还草，即在内蒙古东部、内蒙古甘肃宁夏西部、青藏高原东部、新疆北部四大片区治理严重退化草地；京津风沙源治理，即退耕还林34万公顷，在宜林荒山荒沙地区造林29万公顷，人工造林127万公顷，飞播造林145万公顷，封沙育林育草95万公顷，草地治理291万公顷；石漠化地区综合治理，即通过植被保护、退耕还林、封山育林育草、种草养畜、合理开发利用水资源、土地整治和水土保持、改变耕作制度、建设农村沼气、易地扶贫等措施，加大石漠化地区治理力度等。《中华人民共和国国民经济和社会发展第十二个五年规划纲要》在第六编"绿色发展、建设资源节约型、环境友好型社会"中，用六章分别对"积极应对全球气候变化""加强资源节约和管理""大力发展循环经济""加大环境保护力度""促进生态保护和修复""加强水利和防灾减灾体系建设"加以规定，其中，"促进生态保护和修复"有涉及荒漠化防治的内容，如加强重点生态功能区保护和管理，增强涵养水源、保持水土、防风固沙能力；继续实施天然林资源保护工程，巩固和扩大退耕还林还草、退牧还草等成果，推进荒漠化、石漠化和水土流失综合治理等。而第十编"加快改善生态环境"用七章分别对"加快建设主体功能区""推进资源集约节约利用""加大环境综合治理力度""加强生态保护修复""积极应对全球气候变化""健全生态安全保障机制""发展绿色环保产业"加以规定，其中，"加强生态保护修复"有多处内容涉及荒漠化的防治，如扩大退耕还林还草，保护治理草原生态系统，推进禁牧休牧轮牧和天然草原退牧还草，加强"三化"草原治理，草原植被综合盖度达到56%；保护修复荒漠生态系统，加快风沙源区治理，遏制沙化扩展；坚持源头保护、系统恢复、综合施策，推进荒漠化、石漠化、水土流失综合治理；建立沙化土地封禁保护制度；落实生态空间用途管制，划定并严守生态保护红线，确保生态功能不降低、面积不减少、性质不改变等。

所以，应该将荒漠化防治的目标写入国民经济与社会发展总体规划，使其在多规合一实践中充分发挥龙头引领与指导作用；其他各项相关具体规划根据国民经济与社会发展总体规划中规定的目标制定更加具体的细化目标，将总体规划中的目标逐步落实。在实践中，应根据我国国民经济与社会发展的总体情况，以及荒漠化的严重性和防治的紧迫性等因素，明确规定我国荒漠化防治的总体目标和防治纲领。

（二）定底线和定坐标

充分发挥《全国主体功能区规划》在全国空间规划上的指导与约束作用，在此基础上制定环境保护规划，并将需要防治的荒漠化土地通过生态保护红线制度纳入环境保护规划。2010年12月，国务院印发《全国主体功能区规划》并在全国开始实施。全国主体功能区规划是对整个国土空间开发利用的总体安排，具有基础性、战略性和约束性，其根据区域环境资源的承载能力、现有开发强度与压力及开发潜力等因素，将整个国土空间划分为优化开发区、重点开发区、限制开发区和禁止开发区四类。其中，优化开发区是指优化进行工业化城镇化开发的城市化地区，一般指经济规模较大、综合实力较强、科技创新实力较强，能够体现国家竞争力的特大城市群。重点开发区是指重点进行工业化城镇化开发的城市化地区，一般指经济基础较好、科技创新潜力较强，能够带动周边经济发展的城市区域。因此，优化开发区和重点开发区实际上就是我国的工业化城镇化区域，在该区域要以经济发展为主，优化经济结构，提升发展能力。限制开发区包括限制进行大规模高强度工业化城镇化开发并保持和提高农产品生产能力的农产品主产区，以及限制进行大规模高强度工业化城镇化开发并保持和提高生态产品供给能力的重点生态功能区。限制开发区的两类区域都对大规模高强度的工业化城镇化开发加以严格限制，实行严格的开发管制措施和生态环境准入标准。但不同的是，农产品主产区主要进行农业生产，在一定意义上不利于荒漠化的防治；而重点生态功能区包括四类区域，即水源涵养型、水土保持型、防风固沙型和生物多样性维护型，毫无疑问，都有助于荒漠化防治。并且，《全国主体功能区规划》还明确列举了8个具体的重点水源涵养区、3个重点水土保持区、6个重点防风固沙区和7个重点生物多样性维护区，增强了重点生态功能区的可操作性和加大执行力度。禁止开发区是指禁止进行工业化城镇化开发的重点生态功能区，主要体现为现实中的一系列保护区，如自然保护区、世界自然遗产、风景名胜区、森林公园、地质公园等，该类区域禁止任何工业化城镇化开发，不允许不符合该重点生态功能区功能的人为活动，毫无疑问，也有助于荒漠化的防治。

从上述四类功能区的划分来看，《全国主体功能区规划》实际上在我国的国土空间上为各种开发利用活动确定了坐标和底线。何种性质的开发利用行为应当对应何种类型的功能区，并且应当把该类活动定位在该功能区所确定的国土空间范围内，起到定坐标的作用。禁止开发的重点生态功能区实际上为开发利用活动确定了一条底线，现实中绝对不能越过这条底线进行工业化城镇化开发。而限制开发的重点生态功能区实际上在鼓励开发与禁止开发之间划定了一个缓冲区，在该区域内，对开发活动进行限制。但是，出于维护生态安全和有利于荒漠化维护的目的，应当对限制开发的重点生态功能区作出更严格的有利于生态环境保护和荒漠化防治的限制。此外，为保证《全国主体功能区规划》在实践中得到贯彻和执行，该规划还明确规定了相应的实施保障机制，不仅规定了国务院各部委的职责和义务，还规定了省级人民政府的职责和义务，要求各省级人民政府将《全国主体功能区规划》在本行政区域内进行落实。

所以，根据《全国主体功能区规划》的要求，荒漠化防治规划应当将《全国主体功能区规划》规定的限制开发的重点生态功能区和禁止开发的重点生态功能区进一步具体化。并且，随着省、市（地）、县（市）行政级别的逐渐降低，对限制开发的重点生态功能区和禁止开发的重点生态功能区范围，在国家级重点生态功能区的基础上，进一步明确规定省级、市级和县级的重点生态功能区，借助生态保护红线制度，明确禁止开发的范围和限制开发的准入范围，使荒漠化防治的坐标和底线清晰明确。

（三）建立沟通协调机制

在荒漠化防治目标明确、坐标与底线清晰的前提下，于相关规划的编制、审批、实施等过程中建立有效的沟通衔接机制，确保荒漠化防治目标的实现。对此，基于目前我国荒漠化防治事项分散在不同的环境资源领域，笔者建议确保荒漠化防治目标实现的规划沟通协调机制进行以下三个方面的改革。

第一，可以考虑在同级人民政府中成立一个规划协调委员会，负责协调各类规划的沟通、协调和指导工作。具体而言，规划协调委员会在规划编制过程中负责指导和提供信息任务，不仅要使各类具体规划不违背国民经济与社会发展总体规划和《全国主体功能区规划》规定的目标、坐标和底线，而且要根据上级规划和本行政区域的具体情况，使各具体规划更好地促进相关目标的实现。对于荒漠化防治目标而言，规划协调委员会不仅要把具有约束力的上级相关规划的内容掌握清楚，并提供给本级各相关规划的编制主体，还要在审批和实施环节对各具体相关规划进行监督，避免各规划之间的冲突。

第二，可以考虑建立统一的规划信息服务平台，确保规划信息的充分沟通和掌握。该信息不仅包括规划编制信息和规划审批信息，而且包括规划实施信息，利用信息的集成效果，实现多种规划信息的综合运用，从而使相关规划协调统一。

第三，完善项目审批和管理机制。将项目的审批、管理与规划紧密联系起来，避免不符合规划的项目得到实施。根据规划信息服务平台提供的信息，为相关项目的审批和管理提供指导，使项目符合规划的要求，进而促进规划目标的实现。

第六章 荒漠化的预防制度

土地荒漠化作为生态环境退化现象的一种，一般具有不可逆性和难以恢复性。因此，对土地荒漠化应主要采取预防的态度，实行预防性法律制度，实施严格的预防措施。根据国内外相关规范性法律文件的规定，荒漠化的预防制度既包括各项环境保护制度在荒漠化防治领域的应用，如环境影响评价制度、生态保护红线制度、荒漠化监测预警制度等，也包括荒漠化防治的特殊预防制度，如禁限制度、畜草平衡制度等。旨在预防荒漠化的各项制度的共同特点是于土地荒漠化发生前起作用，以维护土草林水的生态平衡，避免荒漠化后果的发生。

一 荒漠化环境影响评价制度

环境影响评价是环境保护领域普遍采用的一项预防措施，是指在实施对环境有影响的活动前，对该活动可能造成的环境影响进行评价，以决定是否开展原定活动或采取替代方案，并采取相应的预防和减轻环境影响的行为。环境影响评价制度是专门对环境影响评价的主体、对象、程序、结果等进行规制的制度。在我国，对环境影响评价行为进行规制的规范性法律文件主要有《环境保护法》、《中华人民共和国环境影响评价法》（以下简称《环境影响评价法》)、《建设项目环境保护管理条例》、《规划环境影响评价条例》、《环境影响评价公众参与办法》等。根据规范性法律文件的规定，我国环境影响评价的对象是建设项目和规划（包括综合性规划和专项规划）。因此，就荒漠化防治而言，只要建设项目和相关规划有可能造成或加重荒漠化后果，就应当进行相应的环境影响评价。

  我国有关荒漠化防治的规范性法律文件也对环境影响评价作出了相应的要求。根据《防沙治沙法》的有关规定，在沙化土地范围内从事开发建设活动，应当就该建设活动可能给当地或相关地区的环境造成的影响进行环境影响评价，环境影响评价的内容应当包括防沙治沙的内容①。《防沙治沙决定》进一步加强了沙区建设项目环境影响评价的规定，要求建设项目如果可能造成严重的沙化或水土流失后果，则不能批准实施；如果项目获得了批准，则该建设项目中的防沙治沙措施应当与项目同时进行；如果相关人员违法操作，导致项目造成严重的危害后果，则应承担相应的法律责任。② 然而，这条规定是我国《防沙治沙法》中唯一一条关于环境影响评价的规定。可以看出，我国的《防沙治沙法》就有关环境影响评价方面的内容存在以下三点不足：其一，该法没有规定规划环境影响评价的内容，既没有要求防沙治沙规划要进行环境影响评价，也没有要求其他可能对荒漠化造成影响的规划要进行环境影响评价。因此，在实践中，如果因荒漠化防治而对规划进行环境影响评价，则必须依靠通过解释《环境影响评价法》中有关规划环评的规定，即一方面将荒漠化影响归入环境影响后果，另一方面将相关规划归入《环境影响评价法》规定的综合性规划或专项规划，并且将该规划与荒漠化影响之间建立起联系。其二，《防沙治沙法》只要求在沙化地区的

---

① 《中华人民共和国防沙治沙法》第21条。
② 《国务院关于进一步加强防沙治沙工作的决定》第15条。

建设项目进行环境影响评价，而对沙化地区之外的可能对沙化有影响的建设项目并未要求进行相应的防沙治沙方面的环境影响评价，这在一定程度上也不利于对土地沙化的防治。其三，《防沙治沙法》对各种治沙项目并未要求进行环境影响评价。在某种意义上，沙化土地的治理也是一种对原有生态的人为改变乃至破坏，从而对沙化土地生态环境系统产生一定的影响，这种影响可能危及某种濒危物种的生存，也可能造成地下水的加速枯竭等不良后果。正因如此，防沙治沙项目也应当进行相应的环境影响评价，以克服其生态负效应，保证其获得良好的生态效果。

我国《水土保持法》并没有规定针对水土流失防治的环境影响评价，而是对相关建设项目的水土保持方案作出了明确的要求。根据《水土保持法》的相关规定，在易发生水土流失的地区进行生产建设项目时，应编制或委托有资质的第三方编制水土保持方案并获得县级政府水行政主管部门的批准，否则不能开工。① 水土保持方案中规定的水土保持设施必须与主体工程同时设计、同时施工、同时投产使用，在主体项目竣工验收时将水土保持设施的合格与否作为项目是否可以投产使用的先决条件；在建设中产生的废弃物需要综合利用或存放于水土保持方案中规定的地点；为了在项目生产建设的过程中不对水土资源产生破坏并积极地实施先定的水土保持方案，县级政府的水行政主管部门和流域管理机构对项目建设实施跟踪检查，对问题做到及时发现、及时处理；当以上预防措施都无法避免工程项目对水土资源的破坏时，实施"谁破坏、谁治理"的原则，即主要通过缴纳水土保持补偿费弥补损失，该费用被用于水土保持的专项活动。② 从这些内容我们不难发现，尽管我国的《水土保持

---

① 《中华人民共和国水土保持法》第25、第26条。
② 《中华人民共和国水土保持法》第27、第28、第29、第32条。

法》没有明确规定环境影响评价，但其对有关建设项目需要编制水土保持方案的规定实际上起了对相关建设项目进行环境影响评价的效果。因为对相关建设项目进行环境影响评价的结果之一就是，允许项目建设但必须采取环境影响评价报告书中所建议的防治水土流失的措施。也就是说，有关建设项目通过环境影响评价，必须有相应的水土保持方案。但问题是《水土保持法》仅规定了环境影响评价通过的情况，而忽视了建设项目可能对水土造成重大危害，进而不应当进行该建设项目的情形。因此，在某种意义上我们可以说，只要相关建设项目具有合格的水土保持方案，就可以开工建设，即使其可能对水土流失造成较为严重的影响后果。正因如此，《水土保持法》才规定了缴纳水土保持补偿费的补救措施[①]。这在某种意义上就是允许项目建设者用金钱换水土流失后果，或者是用金钱换取建设项目的实施，从而不利于水土保持。鉴于此，建议《水土保持法》明确规定相关建设项目的环境影响评价制度，对可能造成严重水土流失的建设项目，其环境影响评价报告书不应获得通过；对可能造成水土流失并通过环境影响评价的假设项目，应当编制相应的水土保持方案。此外，《水土保持法》也没有对相关规划的环境影响评价作出规定，具有与《防沙治沙法》同样的不足。

此外，我国的《森林法》《草原法》《土地管理法》等与荒漠化防治具有密切联系的单行法并没有规定环境影响评价制度。如果想要通过环境影响评价制度对森林、草原和土地进行保护，进而对荒漠化进行防治，就必须把对森林、草原和土地的影响作为有关建设项目和规划的环境影响的一部分，进而通过环境影响评价法实现对森林、草原和土地的保护。

---

① 《中华人民共和国水土保持法》第32条。

二 荒漠化监测预警制度

从广义上讲，环境监测是指特定的机构及其工作人员按照法定的程序和方法，对生态环境的现状及其发展趋势进行监视和检测，进而为生态环境行政管理部门提供客观、准确、及时的生态环境数据的一种科学技术活动。生态环境损害的预防和治理工作必须建立在生态环境的客观现状、成因及其发展变化的趋势的基础上，否则就是无的放矢，无法取得预期的生态环境保护效果。正因如此，环境监测是生态环境保护工作中的一项必不可少的活动。而环境监测制度是对环境监测的主体、方法、程序、报告及责任等作出明确规定的制度。

环境监测的种类复杂多样，有研究性监测、监督性监测、应急性监测、仲裁性监测、考核性监测等。在生态环境保护实践中应用范围较为广泛的监督性监测，既包括对环境质量状况进行的实时监测，也包括对污染源进行的监督检测。因此，在实践中能够对生态环境保护工作起到预警提示作用的监测一般是基于对环境质量进行的长期跟踪性监测。这一类监测也应当在我国的荒漠化预防工作中充分发挥其应有的预警提示作用。比如，通过长期跟踪监测发现我国某一荒漠化地区荒漠化土地面积的增减、荒漠化严重程度的升降、起防护作用的林草面积增减以分析其相应的原因，进而预警提示相关行政主管部门及时做出具有针对性的防治措施。我国现有的荒漠化防治相关法律法规中也有对荒漠化预警监测作出相应规定的。

要想成功预防土地沙化，必须有一套运行流畅的预防监测制度以提供准确的沙化报告。因此，我国《防沙治沙法》明文规定了沙化监测制度和沙化报告制度。沙化监测分为国家和地方两个层面：在国家层面，国家林业行政主管部门组织其他有关行政主管部门在对全国的土地沙化情况进行监测、统计和分析后定期公布监测结果；在地方层面，县级以上政府的林草或者其他有关行政主管部门对沙化土地进行监测并向本级政府及上一级林草或者其他有关行政主管部门报告。① 在进行沙化监测后发现了土地沙化的问题，及时进行报告。报告制度实际上应分为两层，但立法对此并未明确表述。县级以上政府的林草或者其他有关行政主管部门发现土地将要沙化或沙化加重时应报告本级政府。除了林草行政主管部门，气象主管机构在预测和报告制度中也扮演了重要角色。当其发现气象干旱或者沙尘暴征兆时应及时报告当地政府。在收到了林草、气象部门的报告后，最终负责的机构是接到报告的政府。政府负责公布报告内容，采取防范、遏制、治理的措施及组织动员。② 所以，根据《防沙治沙法》的规定，我国的沙化监测制度至少包括以下三个方面：监测主体以林草行政主管部门为主，联合其他相关部门，包括气象部门；监测依据和方法是沙化土地监测技术规程，属于专业技术规范；监测数据的报告及监测结果的发布方面，监测主体获得监测数据后及时报告给同级人民政府和上级行政主管部门，监测结果最后由国家林草行政主管部门定期向社会公布。

　　水土保持和防沙治沙一样，受到自然条件的影响广泛，所以需要对水土资源和气象条件有完整、准确的把握。《水土保持法》在防治水土流失监测制度方面赋予两类主体监测水土保持的责任和义务。第一类责任主体为水行政主管部门，负两种责任。对于加强和完善水土保持的监测而言，其责任主体为国务院和县级以上的水行政主管部门，二者负有加强完善全国水土保持监测网和地方水土保持监测工作的职责。对于水土保持监测结果的公告而言，国务院和省级

---

① 《中华人民共和国防沙治沙法》第14条。
② 《中华人民共和国防沙治沙法》第15条。

政府的水行政主管部门负有发布水土保持监测情况的职责。第二类责任主体为生产建设单位，其负有监测和上报建设中发生的水土流失的义务。对于建设中产生的水土流失情况，建设单位应自身或委托有资质的机构进行监测并定期向当地水行政主管部门报告。以上两类责任主体实际上承担着两种责任，即监测水土保持的责任（国务院、县级以上政府的水行政主管部门和大中型生产建设单位）和公告水土保持情况的责任（国务院、省级政府的水行政主管部门）。此外，《水土保持法》还强调了对水土流失监测网的建设，尽力实施全面动态的水土流失监测。[①]

《草原法》对我国的草原监测预警制度作了较为笼统的规定，其中指出国家要建立草原生态监测系统，县级以上草原行政主管部门对草原的"面积、等级、植被构成、生产能力、自然灾害、生物灾害"等基本构成情况实施动态监测，及时为本级人民政府和其他相关行政主管部门提供动态监测和预警信息服务。[②] 与《防沙治沙法》和《水土保持法》规定的监测制度相比，《草原法》对草原监测预警制度的规定过于抽象，缺乏对监测主体、监测网、监测信息的报告、监测结果的发布等重要内容的规定，缺乏可操作性。并且，草原监测预警信息应当同防沙治沙工作结合起来，为沙化防治提供信息服务。与《草原法》对草原监测预警制度的抽象规定不同，《森林法》根本未对森林监测预警制度作出任何规定。这不能不说是《森林法》的一个重要缺陷，因为监测预警制度对森林资源的保护及与森林相关的荒漠化防治具有极其重要的作用。

综上所述，我国荒漠化监测预警制度还有待进一步完善。一方面，加快完善相关单行法中的监测预警制度，没有规定监测预警制

---

① 《中华人民共和国水土保持法》第40、第41、第42条。
② 《中华人民共和国草原法》第25条。

度的单行法如《森林法》，应采用修法的方式增加监测预警制度的规定，已经规定了监测预警制度但不完善的单行法如《防沙治沙法》《水土保持法》《草原法》等，应通过修法或实施条例的方式使该制度进一步充实完善；另一方面，建立相关各单行法规定的监测预警制度之间的沟通协调机制，建立监测信息共享制度，使各监测主体所掌握的一手监测信息在不同的行政主管部门之间能够相互传达，以达到共同应对荒漠化的目的。

三 禁限制度

禁限制度是一个较为形象和笼统的称呼，是指通过一系列禁止性和限制性措施实现所要达到的目的和结果的一种制度。由于禁止性和限制性的规定一般针对的都是社会主体的行为，限制的是社会主体的行为自由和私人利益，其旨在实现的一般都是社会公共利益，并且需要法律的明确规定。因此，禁限制度在旨在维护社会公共利益的公法领域或社会法领域比较常见。尽管学界对环境资源保护法的法律本质属性尚有争议，但该法旨在保护的对象——生态环境——是一种典型的社会公共利益，甚至是全人类共享的利益，因而具有典型的公益性，对此已经不再有人质疑。为了实现环境公共利益，需对社会主体的私人利益进行必要的限制，从而使环境法领域存在大量的禁止性和限制性的规定。荒漠化防治法律制度作为环境资源保护法领域的一个分支，其要应对和解决的土地荒漠化问题是一种典型的全球性环境问题，具有明显的公益性。为了有效防止土地的荒漠化，我国各相关规范性法律文件明确规定了禁限制度。

《防沙治沙法》中的禁限制度主要体现在对相关植被和土地的保护方面，如植被的禁止采伐和限制采伐、土地的禁止开垦和限制开垦等。首先，对特别严重的沙化地区划定封禁保护区。禁止在封禁保护区内从事任何植被破坏的活动；县级以上人民政府不仅不能在封禁保护区内安置居民，而且要想办法将封禁保护区内的居民转移至外地安置；如果没有得到国务院及其指定部门的允许，不得在封禁保护区内进行修建铁路、公路等建设活动。① 其次，沙化土地所在县级以上地方政府不得批准在沙化土地边缘地带及林地、草地进行垦荒耕作，已经耕作的要逐步实现退耕还林还草。② 最后，禁止破坏沙化土地上的固沙植被。③ 禁止砍伐灌木植被、采集发菜和挖树根；禁止在沙化土地上滥挖虫草、甘草、麻黄等中药材，并在生态脆弱的地区建立禁挖区和抚育区；禁止采伐更新困难的防风林带、林网；对于可更新的防风林带、林网，经相关部门批准后可进行更新抚育性采伐，并且在采伐前应形成接替的林带、林网。

《水土保持法》根据水土保持的需要，对取土、挖沙、采石、开垦、砍伐、去草、采集、种植、选线、选址等生产建设和开发利用活动作出一系列禁止性和限制性规定。首先，在崩塌滑坡危险区和泥石流易发区禁止任何挖沙、取土、采石等可能造成水土流失的活动；在生态环境脆弱和水土流失严重的地区，应当禁止或限制任何可能造成水土流失的生产建设活动。④ 其次，禁止在河流的两岸、湖泊的周边、侵蚀沟的岸边破坏开垦植物保护带；禁止在水土流失重点预防区和水土流失重点治理区破坏植被、滥挖药材；禁止任何形式的发菜采集活动，禁止毁林毁草开垦耕作。⑤ 最后，禁止开垦陡坡。陡坡是指坡度在25°以上的坡地，此处禁种农作物，即便种植经济林也应科学选种；对在水土流失重点防治区已经开垦的坡地，国家推行坡耕地改梯田、淤地坝的措施。在对陡坡坡度标准的确定上，

---

① 《中华人民共和国防沙治沙法》第12、第22条。
② 《中华人民共和国防沙治沙法》第20条。
③ 《中华人民共和国防沙治沙法》第17条。
④ 《中华人民共和国水土保持法》第17条。
⑤ 《中华人民共和国水土保持法》第18、第21条。

坚持实事求是的原则，不同省级行政区还可依据自身情况设定坡度低于25°的标准。即便在坡度为5°以上的坡地整地造林、抚育幼林也必须严防水土流失。①禁止陡坡垦殖对保护坡地植被、防止我国北方农牧交错区的水蚀荒漠化具有实践意义。

《森林法》出于保护森林的目的，对森林的采伐作出了多种禁止性和限制性规定。首先，将荒漠化土地上的森林划归为防护林（水土保持林、防风固沙林、水源涵养林）或特种用途林（环境保护林和自然保护区的森林）②。对上述种类的森林进行的采伐只能是抚育和更新性质的③，对于在自然保护区的森林则一律不准采伐④。这实际上让防护林和环境保护特种用途林变成纯公益性质的森林，它们存在的首要目的便是保护生态环境。因此，企业和政府难以在其上谋求任何经济利益，这为荒漠化地区的水土资源穿上永久的"防护衣"。其次，禁止毒林毁林行为。禁止在林地排放有毒有害污染物质的行为，禁止毁林、采石、取土、挖沙、开垦等破坏林木和林地的行为，禁止在幼林地进行放牧、毁苗、砍柴、耕作等破坏幼林的行为。最后，实施限额采伐制，坚持采伐量低于生长量的原则。荒漠化土地上的林木禁止营利性的采伐无庸置疑，但我国还存在大量具有荒漠化"潜质"的土地。对这些潜在荒漠化土地上林木的保护，是荒漠化防治中保护优先原则的具体要求。《森林法》规定了较为严格的限额采伐制，这种总量控制措施体现环境质量目标主义。国家、集体和个人所有的林业资源每年需要制定采伐限额并必须经国务院批准。中央政府对采伐林木的数量把关是对森林资源的充分重视。在采伐林木前，还应向林业主管部门或其他相关部门申请林业许可

---

① 《中华人民共和国水土保持法》第17、第20、第30条。
② 《中华人民共和国森林法》第4条。
③ 具体的抚育间伐标准参照《森林抚育规程》（GB/T 15781—2009）。
④ 《中华人民共和国森林法》第31条。

证。对于长成的用材林，在采伐完毕后应限期（当年或次年）完成更新性质的造林。采伐和更新交替进行，按照自然的需求进行开发利用，这让森林资源得到了长效的保护。①

《草原法》出于保护草原的目的，实施禁止开发制度，其中包括禁垦、禁牧、休牧、退耕还草和禁采等措施。禁垦指对有严重水土流失和沙化趋势的草原实施退耕还草，对造成沙化和盐碱化的草原实施限期治理；禁牧、休牧指禁止（长期或短期内）在严重退化、沙化、盐碱化的草原上放牧；禁采指禁止在荒漠、半荒漠和严重退化、沙化、盐碱化、水土流失的草原以及生态脆弱的草原上采挖植物。② 此外，在草原上开展经营性的旅游活动、种植牧草或饲料作物，要经过相关部门的批准，并采取有效措施预防因草原破坏而导致的沙化和水土流失。

因此，从总体上看，我国荒漠化防治的相关单行法大多从环境资源要素保护的角度出发，或多或少地作出了各种禁止性和限制性的规定，在一定程度上有助于各项环境资源要素的保护，从而也在一定程度上促进了荒漠化防治目的的实现。但是，毕竟各种禁限措施是对私人利益的约束和限制，其范围的扩大与缩小直接导致社会主体自由范围的缩小与扩大。因此，在实际的立法活动中，要平衡好私人利益与公共利益之间的冲突，对私人利益的限制应当以必要为原则。并且，随着环境资源要素及荒漠化防治客观情况的变化和保护及防治的压力与紧迫性的变化，相应的对禁限措施的规定也应当有所增减和变化。同时，出于荒漠化防治的目的，各单行法规定的各种禁限措施应当协调一致，相互促进，避免出现冲突，以便形成合力。

---

① 《中华人民共和国森林法》第8、第29、第31条。
② 《中华人民共和国草原法》第46、第47、第49条。

四 畜草平衡制度

畜草平衡制度是我国《草原法》规定的一项重要的防治草原退化的制度，同时也是一项重要的荒漠化防治制度。畜草平衡制度是建立在草原承载力的基础上的，即在维持草原生态良好的前提下，结合一定时间内草原能承载的最多牲畜的数量，进而对草原牲畜量作出相应的限制和控制的制度。哈丁在《公地悲剧》中明确指出，在草原公有状态下，依靠草原养活自己牲畜的每个牧羊人出于自己利益最大化考虑，都尽力增加自己羊群的数量，因为增加羊群的收益归自己，而增加羊群给草原带来的负担由所有人分担，久而久之，整个草原上的羊群数量越来越多，最终草原不堪重负，造成退化乃至荒漠化后果的"公地悲剧"。羊群过多，超出了草原能承载的数量，最终使草原生态崩溃。

作为畜草平衡直接根据的草原承载力就是生态环境极限理论的具体体现。现在生态学及环境科学的研究成果已经向人们揭示，生态环境的承载能力是有极限的，这个极限就是环境容量，即在一定的时间和地点，环境品质保持良好状态下其所能容纳的污染物质的最大量。环境容量建立在环境自净能力的基础上。也就是说，生态环境是一个有机系统，其自身处于不断地物质循环、能量流动、信息交换过程中。这一过程可以将一定数量的外来污染物质消解。但是如果外来污染物质超出生态环境的消解能力，则会造成原有环境品质的恶化，导致环境损害。这一原理对生物资源也同样适用。生物资源一般具有再生能力，这也是一种极限。人们如果在生物资源再生能力的范围内对其进行取用，则不会对其造成破坏，不会影响其再生能力，就能够实现生物资源的可持续利用。反之，如果人们超出了生物资源的再生能力对其进行取用，就会造成"杀鸡取卵"

的后果，即破坏其再生能力，最终导致生物资源的枯竭。

我国《草原法》对畜草平衡制度作了明确规定，主要体现在以草定畜、轮牧轮割、休牧圈养等方面的规定上。首先，《草原法》直接规定国家实行以草定畜、草畜平衡的制度。《草原法》强调了县级以上人民政府的责任，即县级以上政府应当按照国务院草原行政主管部门制定的草原载畜量标准，在结合本地区草原实际再生能力的基础上，确定本地区草原的载畜量标准，并负责实施该标准，采取各种有效措施防止牧民的牲畜量超过载畜量标准。与草原行政主管部门的管理职责和职权相对应的是牧民限制牲畜数量的义务。牧民及草原的承包经营者应当自觉遵守草原的载畜量标准，采取种植草料、购买饲料与加快牲畜出栏、限制在养牲畜数量相结合的办法，确保草畜平衡，维护草原的再生能力和生态良好状态。[1] 其次，实行草原轮牧轮割和休牧圈养制度。在放牧方式上，传统开放式的流动放牧方式给草原造成了巨大压力。草原承包经营者应采取轮牧或圈养的方式来减轻草原负担，对割草场和野生草种基地实施轮割轮采以保证草原资源可以得到永续利用。[2]《草原法》要求对草原实行分割划块管理，指导牧民在不同地块的草原之间进行轮流放牧，以便使草原能够恢复再生能力。对于实施圈养的牧民，应当对不同地块的草原实行轮割草，使草原能够持续地供给草料。并且，《草原法》要求牧民在农耕地区、半农半牧地区及其他有条件的地区尽量实行牲畜圈养和休牧措施，以提高草原的利用效率，缓解草原的压力。这些规定有利于维持草原的再生能力。

畜草平衡在现实中的实现除了要有明确的草原载畜量标准，还要有相应的具体实施措施，仅仅依靠《草原法》的简单粗线条规定

---

[1]《中华人民共和国草原法》第45条。
[2]《中华人民共和国草原法》第34、第36条。

是无法保障畜草平衡制度在实践中的贯彻和实施的。基于此,《草原法》明确授权国务院草原行政主管部门要进一步制定草原载畜量标准和畜草平衡管理办法。在现实中,原农业部于 2005 年颁布实施了《草畜平衡管理办法》(现已废止)。该办法共有 18 条,主要内容涉及以下五个方面:第一,对畜草平衡作出明确界定,即为保持草原生态系统良性循环,在一定时间内,草原使用者或承包经营者通过草原和其他途径获取的可利用饲草饲料总量与其饲养的牲畜所需的饲草饲料量保持动态平衡。基于该定义,畜草平衡实际上是指草料供给总量和饲养牲畜总量之间的平衡,不仅包括放牧,还包括饲养。第二,畜草平衡最基本的要求是以草定畜,增草增畜,减草减畜,因地制宜,做到动态平衡,并且每 5 年核定一次。第三,为了实现草畜平衡,县级以上地方人民政府的草原行政主管部门要与草原的承包经营者签订草畜平衡责任书,明确草原承包经营者的草畜平衡责任,政府通过抽查的方式对承包经营者进行监督。第四,当牲畜总量超过草原承载能力时,牧民应当通过人工饲养草料、牲畜提前出栏、圈养牲畜、购买饲料、承包经营权流转增加承包草原面积等措施,实现草畜平衡。第五,原农业部(现农业农村部)制定的全国草原载畜量标准,省级人民政府根据全国标准,并结合本地实情制定本地的草原载畜量标准。标准的制定应当确保公众的充分参与,保证标准的科学性与合理性。遗憾的是,全国的载畜量标准直到现在也没有制定。尽管如此,我国部分地方已经制定了自己的草原载畜量标准,如四川省草原载畜量标准、云南省草原载畜量标准等。

此外,《防沙治沙法》也有涉及畜草平衡制度的条款:该法明确要求我国的"草原实行以产草量确定载畜量的制度"[①];由地方农牧业行政主管部门具体负责落实该制度,制定草原载畜量标准,指导

---

① 《中华人民共和国防沙治沙法》第 18 条。

牧民控制牲畜量、调整牲畜结构、实行轮牧圈养等，以防止草原退化和沙化。但是，《防沙治沙法》规定的行政主管部门是农牧业行政主管部门，与《草原法》规定的草原行政主管部门存在冲突。按照现行国家行政机构的设置，草原行政主管部门是林草部门，属于自然资源部，而农牧业行政主管部门属于农业农村部。在实践中，应当协调好二者之间的冲突，明确各自的职责，可以考虑将国有草原划归草原行政主管部门负责管理，而农村集体所有的草原，由农业行政主管部门负责管理，但相关标准应当一致。也就是说，不同的主管部门应按照同样的标准对不同权属性质的草原分别进行管理。

总之，畜草平衡制度是从草原的载畜量的角度衡量和限制牧民的牲畜总量。该制度要想在实践中有效保护草原、防止草原退化，应重点做好以下四个方面的工作：首先，科学测定草原的载畜量，即草原所能供养的牲畜总数量。这是畜草平衡制度的基础和前提。如果不能够很好地测算草原的载畜量，就无法对牲畜总量作出合理限制，结果要么是牲畜数量过多（限制过于宽松），造成草原破坏，要么是牲畜数量过少（限制过于严格），造成草原利用不足。在实践中，一般根据草原的面积、产草量和牲畜的日食草量等来确定载畜量，具体公式为载畜量=（单位面积产草量×可利用率）÷（牲畜的日食草量×放牧天数）。而牲畜的日食草量以一头黄牛为基本单位，其他牲畜的日食草量用黄牛的日食草量乘以换算系数，如一头驴的日食草量等于0.6头黄牛的日食草量，一匹马的日食草量等于0.8头黄牛的日食草量，一头水牛的日食草量等于1.3头黄牛的日食草量，一头骡子的日食草量等于1头黄牛的日食草量，一只山羊的日食草量等于0.2头黄牛的日食草量，一只绵羊的日食草量等于0.25头黄牛的日食草量，一头猪的日食草量等于0.3头黄牛的日食草量，一只兔子的日食草量等于0.025头黄牛的日食草量，等等。其次，根据每户牧民所承包经营的草原面积，确定其承包经营的草原的载畜量。再次，如果某户牧民的牲畜总量超出其承包经营的草原的载畜量，则应当提供其所缺草量的合法来源证明（如购买草料的合同、与其他牧民签订的草原使用协议等），否则应当承担相应的法律责任。最后，县级以上草原行政主管部门一方面根据客观自然情况的变化做好草原载畜量的变动核定工作；另一方面对牧民是否遵守草原载畜量进行监督，对违法者进行行政处罚。

五　生态保护红线制度

生态保护红线制度是我国环境保护领域的一项正处于探索和不断完善中的制度。我国《环境保护法》对生态保护红线制度作了简单抽象的规定[①]，即国家在重点生态功能区、生态敏感区、生脆弱区等特殊区域划定生态保护红线，进行严格保护。因此，《环境保护法》及其他单行法并没有对生态保护红线作出明确的规定，只是要求对特殊区域划定生态保护红线。2017年，中共中央办公厅、国务院办公厅印发《关于划定并严守生态保护红线的若干意见》（以下简称《若干意见》），进一步对生态保护红线制度作了较为详细的规定。根据《若干意见》，所谓生态保护红线就是在生态环境保护范围内具有特殊重要生态功能必须强制性严格保护的区域，是保障和维护国家生态安全的底线和生命线，通常包括具有重要水源涵养、生物多样性维护、水土保持、防风固沙、海岸生态稳定等功能的重要区域，以及水土流失、土地沙化、石漠化、盐渍化等生态环境敏感脆弱区域。据此，生态保护红线实际上是人为划定的必须得到严格保护的特殊区域，并且该特殊区域是维护国家生态安全必不可少的区域。被生态保护红线划定的区域既包括良好的生态功能区，也包

---

① 《中华人民共和国环境保护法》第29条。

括严重恶化的生态敏感区，对于良好的生态功能区要坚持质量不降低、数量不减少，对于严重恶化的生态敏感区要坚持数量不增加、质量不降低。因此，生态保护红线制度实际上已经是我国荒漠化防治的一项重要制度。

我国荒漠化防治相关单行法虽然没有明确规定生态保护红线制度，但是，其相关内容的规定实际上就是生态保护红线制度的体现和具体化。《防沙治沙法》规定了防风固沙林网和防风固沙林带必须受到严格保护，除进行抚育性更新采伐外，不得进行采伐；并且，如果防风固沙林网和防风固沙林带的更新比较困难，则一律不允许采伐。① 此处受到严格保护的起到防风固沙功能的林网和林带，实际上就是生态保护红线的范围。此外，《防沙治沙法》还有关于沙化土地封禁保护区的一系列禁限性规定②，这实际上也属于将沙化土地封禁保护区作为生态保护红线的范围。除了《防沙治沙法》《水土保持法》规定由地方各级人民政府划定的"崩塌、滑坡危险区和泥石流易发区"要进行一系列的禁限性保护③，也应属于生态保护红线范围内的区域；《草原法》也规定，对划入"基本草原"的草原以及按照自然保护区要求建立的"草原自然保护区"应依法进行严格保护④，实际上也起到生态保护红线的作用；而《森林法》中划定为自然保护区的"天然林区"同样属于生态保护红线的范围⑤。

尽管我国荒漠化防治相关法律中的上述规定实际上起了生态保护红线的功能和作用，但这些规定毕竟不是生态保护红线。因此，随着我国生态保护红线制度的不断成熟，将来在荒漠化防治相关法律中应当明确规定生态保护红线制度。为此，应作出以下三个方面

---

① 《中华人民共和国防沙治沙法》第 16 条。
② 《中华人民共和国防沙治沙法》第 22 条。
③ 《中华人民共和国水土保持法》第 17 条。
④ 《中华人民共和国草原法》第 42、第 43 条。
⑤ 《中华人民共和国森林法》第 24 条。

的努力：第一，明确荒漠化防治相关法律中划定的生态保护红线范围，确定生态保护红线的划定标准和划定程序。目前，生态保护红线制度尚处于改革探索中，并且《若干意见》也只是一个政策性文件，导致我国各省、自治区、直辖市在生态保护红线的划定标准、划定程序等方面存在差异，进而导致生态保护红线划定的严格程度不一致，影响生态保护红线的实际保护效果。考虑到生态保护红线体现的是一种红线思维，要把这条红线在实践中变成不可触碰和逾越的钢线，那么生态保护红线的划定应当以省、自治区、直辖市为单位，即由省级人民政府的环保、土地、林业、草原等行政主管部门提议，再由省级人民政府负责组织协调力量划定本省的生态保护红线，报国务院及相关行政主管部门批准后由省级人民政府发布实施。第二，明确荒漠化防治相关法律中生态保护红线的调整机制。生态保护红线尽管是一种不可逾越的底线，但并不是固定不变的。在一定的条件下，可以按照原批准程序进行调整。第三，强调荒漠化防治生态保护红线的落实。一方面，要明确生态保护红线的属地保护责任，地方各级人民政府作为严守生态保护红线的责任主体，要把生态保护红线目标层层分解落实，并通过管控、引导、补偿等多种机制，使相关社会主体遵守生态保护红线；另一方面，按照禁止开发的要求对生态保护红线严格管控并优先保护，以发挥其国家生态安全的底线作用。根据我国《全国主体功能区规划》中的规定，禁止开发是指禁止进行工业化城镇化开发。因此，禁止开发区域并不是完全禁止利用，而是禁止不符合生态保护红线主体功能定位的建设和开发，也就是说，生态保护红线区内应该允许不违背和不破坏生态保护红线主体功能的利用行为，以此来实现生态与经济共同发展的局面；同时，由于我国生态保护红线所划定的保护区域多集中在后发地区，完全禁止利用也可能不利于各地方的脱贫等工作。但是，由于生态保护红线的本质是国家生态安全保护的底线和生命线，如果允许在生态保护红线区域内进行开发和利用的行为，又似与红线本质上的保护特征相违背。为解决这些矛盾和冲突，应该加快建立国家统一的红线准入机制及相应的补偿机制。

总之，荒漠化的预防制度是一个制度体系，其中包括诸多具体的能够起到预防荒漠化作用的法律制度。这一制度体系具有以下共同的特点：一是功能上的预防性，即这些制度都是从不同的角度不同的要素对荒漠化的预防起到积极的作用；二是客观上的规定性，即这些制度都体现在现有的有关荒漠化防治的规范性法律文件中，作为整个荒漠化防治法律制度的一个必不可少的组成部分；三是适用领域的有限性，即这些制度仅限于环境资源法律领域，或者更确切地说是荒漠化防治法律领域中的各项具体的制度措施，而不涉及一般性的公法制度。在现实中，荒漠化预防制度的种类和数量应当比上文梳理的要多，例如水资源短缺是土地荒漠化最为重要的自然限制性因素，《防沙治沙法》在预防土地沙化时也作出了较为合理的制度性安排。设置合理的水资源统一管配制度，重视生态用水无疑是预防土地沙化的一剂良药。沙区县级以上政府的水行政主管部门应统一调配和管理整个流域和区域的水资源，在编制流域和区域水资源开发利用规划与供水计划时必须考虑所涉区域的植被保护的用水需求，合理分配上下游水资源并防止过度开发地下水资源引起的植被退化和土地沙化。[①] 因此，在此只是对荒漠化防治相关法律规定的重要制度进行了论述。随着荒漠化防治应对措施的创新发展，其防治法律制度也会不断完善，还会出现新的荒漠化预防制度，因此荒漠化的预防制度实际上是一个开放的制度体系，是预防荒漠化的制度"工具箱"，旨在为人们提供丰富多样的预防荒漠化的制度工具。

---

① 《中华人民共和国水法》第19条。

第七章 荒漠化的治理制度

　　土地荒漠化的防治必须以预防为主，防患于未然，但预防并不意味着事后的治理措施不重要。恰恰相反，荒漠化的事后治理措施对于荒漠化的防治也必不可少。正如前文论述的荒漠化防治的基本原则中指出的，荒漠化的防治必须以预防为主、防治结合、综合治理。因此，预防与治理应当有效配合，才能更好地控制土地的荒漠化。根据《现代汉语词典》的解释，治理的基本含义是整治调理、修整改造，一般引申为管理统治和处理修整。前者适用于公共管理领域，主要针对社会关系及人，后者主要针对具体的事物。荒漠化的治理就是在修整改造的意义上使用"治理"一词的，属于环境治理的一部分。因此，荒漠化的治理针对的是土地荒漠化。通过治理，使土地荒漠化得到有效控制、减少乃至消除。与我国现有相关法律的规定相对应，土地荒漠化主要指《防沙治沙法》规定的土地沙化和《水土保持法》规定的水土流失。所以，与荒漠化预防制度涉及《森林法》《草原法》的相关规定不同，荒漠化的治理制度是对已经荒漠化的土地进行治理，主要涉及《防沙治沙法》和《水土保持法》的规定。尽管如此，《森林法》和《草原法》规定的部分措施也是对土地荒漠化的治理。因此，在探讨我国的荒漠化治理制度时，以防沙治沙和水土保持领域的规范性法律文件为主，同时兼顾《森林法》和《草原法》中有关森林和草原的保护制度。

　　治理一般包括治理的主体及其责任、治理的对象和客体、治理措施和机制三个方面的内容。就荒漠化治理而言，治理的对象和客体比较明确，无须专门论述。故而，本章主要对荒漠化治理的主体及其责任、治理措施和机制两个方面的内容进行梳理与论述。

一 荒漠化治理的主体及其责任制度

我国荒漠化防治相关规范性法律文件对荒漠化治理的主体及其责任已经分别作出了粗细不同的规定，因此，对于荒漠化治理的主体及其责任的论述，主要思路仍然分两步走：首先，对我国荒漠化防治相关规范性法律文件中有关治理主体及其责任进行梳理，发现其中的不足；其次，根据我国荒漠化治理的需要，有针对性地提出相应的完善建议。

（一）沙化土地的治理主体及其责任

前文的论述已经指出，我国《防沙治沙法》所规定的基本原则之一就是政府主导和社会公众的广泛参与相结合。基于该基本原则，我国《防沙治沙法》对沙化土地的治理主体及其责任的规定主要包括政府和社会公众两个方面。

首先，政府在沙化土地的治理中应发挥主导作用。以政府为主体的治沙制度主要包含两种类型。第一种是政府自身积极实施的治沙制度，即沙区政府作为防沙治沙的中坚力量依据防沙治沙规划，通过组织相关单位和个人，采取人工造林、飞播、封育等科技手段治理沙化土地；第二种是政府组织农村集体经济组织及其成员对沙化土地进行治理，并将其所投资金和劳动力折算为治理项目的股份、资本金，也可给予其他形式的补偿。[①] 我国特色体制下的沙区政府往

---

① 《中华人民共和国防沙治沙法》第23、第31条。

往能代表最广大沙区人民的根本利益来调动人力、物力、财力，无论是否有单位或个人对沙化土地进行公益性或营利性的治理，沙区政府都应是治沙的主力军。此外，《防沙治沙决定》进一步明确提出了"治沙工作实行政府负责制"。在这个政府负责制中，责任主体实则为沙区各级地方政府，包括省、市（地）、县（市）、乡四级，其中省、市（地）、县（市）还有向同级人民代表大会报告并接受监督的义务。如何具体地落实治沙政府责任制，需要通过建立政府行政领导治沙任期目标责任考核奖惩制度实现，同时，将治沙年度目标和任期目标纳入政府政绩考核的范围。

如何确保沙区各级政府能够切实履行好防沙治沙的责任是一个关乎全局的重大问题。中央政府及其林业、发展改革、环境保护等行政主管部门认识到，只有当高级别的省、自治区、直辖市政府深刻认识土地沙化的严峻形势后，才能让总体性的防沙治沙工作得到有效开展。因此，国家林业行政主管部门会同有关部门共同制定了《防沙治沙考核办法》，建立了省级政府治沙目标责任考核制度。这项制度通过强化省级政府责任可以带动各级政府责任的积极履行。省级政府治沙目标责任考核制度的考核主体为林业部门牵头成立的全国治沙目标责任考核工作组（以下简称"考核工作组"），考核工作组成员还包括国家发展改革委、监察部（现国家监督委员会）、自然资源部、生态环境部、水利部、农业农村部等部门。考核对象为13个省级政府/省级特殊区划，包括河北、山西、内蒙古、辽宁、吉林、黑龙江、西藏、陕西、甘肃、青海、宁夏、新疆（12个省、自治区政府）以及新疆生产建设兵团。考核形式分为期末综合考核（5年考核期结束时）和中期督查（5年考核期的第3年）。中期督查的考核程序主要为：省级政府先自查，形成报告递交给考核工作组；考核工作组通过听取汇报、查阅资料、座谈了解、现场调查的方式进行检查，发现问题的对考核对象进行反馈并提出整改意见；林业主管部门将中期督查情况上报国务院。期末综合考核的前期程序和中期督查考核程序大同小异，主要是多了对考核内容进行量化、打分①的步骤。经量化的期末综合考核成绩，经国务院审定后由林业主管部门通报。对业绩突出的政府实施表扬，而考核不合格的政府应向国务院作出书面报告并提出限期整改措施。最终的考核成绩提交给中央干部主管部门，将此作为对省级政府领导班子和领导干部综合考核的重要依据。这一规定突出了奖惩的作用，让沙区省级政府及其班子领导和成员不会对治沙掉以轻心。

其次，单位的强制性治理责任。根据法律的明确规定，县级以上政府向沙化土地范围内的铁路、公路、河流、水渠、城镇、村庄、厂矿和水库等单位下达治理责任书，由相关的责任单位承担权力范围内的治沙任务，实施单位治理责任制。② 政府应当做好监督，限期对单位治理任务的完成情况进行检查，对于未按期完成任务的治理单位，要追究有关领导的相关责任。

最后，社会公众进行的治沙活动。这类活动主要分为两类：一类是单位和个人的公益性治沙。公益性治沙不仅需要治沙者有很高的道德觉悟和环境保护观念，更需要大量的资金和技术投入。为此，国家对其支持鼓励并坚持自愿的原则，并要求县级以上政府的林草和相关部门对公益性治沙提供治理地点和无偿的技术指导（这种技术指导也是一种技术要求）。这意味着公益性治沙并不可完全按照治沙者的善意而完全自主地进行，为了防止因好心办坏事而导致土地沙化的进一步扩展，按照林草等部门提供的技术要求治沙实则为强

---

① 考核分值共计 100 分，包括防治任务（40 分）、防治措施（30 分）和保障措施（30 分）三大项目，其下又分为 12 个小项目。
② 《中华人民共和国防沙治沙法》第 30 条。

制性的。在治理结束后，治理者往往无暇对其进行管护，这时可以选择将其交由政府相关部门或者他人进行管护。① 另一类是营利性治沙。治沙总体而言是一个"苦差"，因为治沙具有资金技术投入大、治理周期长、收益回报率低的特点，所以使用沙化土地的权利人很少有人愿意承担主动治沙的义务。为此，《防沙治沙法》特意将使用土地和治理沙化紧密结合起来，这就让大片具有利用价值且沙化程度轻微的土地具有了既能产生经济效益又能产生生态效益的可能。法条中所示的营利性治沙按照治沙主体的不同可分为"国有土地的使用权人和农民集体所有土地的承包经营权人"及"不具有土地所有权或者使用权的单位和个人"。前者在使用权利所及的沙化土地时具有治沙的积极责任，当其能力不济时可以选择委托他人；后者往往是前者的受托人，也是最主要的营利性治沙者。我国存在广袤的沙化土地，仅靠政府和公益性治沙者的努力是不够的，将治沙和营利二者结合可以较大限度地发挥市场机制的作用，提高人们治沙的积极性。为此，《防沙治沙法》的立法主体十分重视营利性治沙，并为其规定了较为详细的措施以保证该制度的有效运作。第一步，营利性治沙者应依法取得土地使用权，由此避免因成功治沙后营利可能与原权利人产生的利益冲突；第二步，向治理土地辖区内的县级以上人民政府的林业草原或相关的行政主管部门提出申请，并提交土地权属文件、治理协议、治理方案和资金证明；第三步，严格按照提交的治理方案进行治理；第四步，完成治理后向原受理申请治理的部门提出验收申请，通过验收的可取得治理合格证明，否则应继续治理。② 此外，为了激活潜在治沙主体的治沙积极性并使沙化土地的相关权利人的权利得到保障，《防沙治沙决定》规定可以通过承

---

① 《中华人民共和国防沙治沙法》第 24 条。
② 《中华人民共和国防沙治沙法》第 25、第 26、27、第 28 条。

包、租赁等灵活多样的形式落实治沙经营主体。该规定是对《防沙治沙法》的一项补充，使治沙主体可以通过更为多样的方式获得沙化土地的经营权。

（二）水土流失的治理主体及其责任

根据《水土保持法》的相关规定，我国水土流失的治理主体也包括政府、企事业单位和个人，不同的治理主体负有相应的治理责任。

首先，政府作为水土保持工作的核心主体，在水土流失治理中起主导作用。我国的水土保持责任主体被分为三类①，这让《水土保持法》与《防沙治沙法》有一定出入。第一类责任主体是水土保持的统一领导主体，即县级以上人民政府，这原则上包括了中央、省、市（地）、县（市）四级政府。它们对各自辖区内的水土保持工作承担领导职责。第二类责任主体是地方水土保持的主管主体，其又可分为三种，即主管全国水土保持工作的中央水行政主管部门，县级以上人民政府下设的水行政主管部门，由中央水行政主管部门在各重要江河、湖泊下设的监管责任主体——流域管理机构。第三类责任主体为县级以上人民政府的林业、农业、国土自然资源部门，它们同样有防治水土流失的职责。可见，《水土保持法》将水土保持的责任清晰地划分为统一领导责任（县级以上人民政府）、主管责任（县级以上人民政府的水行政主管部门和流域管理机构）和辅助责任（县级以上人民政府的林业、农业、国土自然资源主管部门）。这种清晰的职责划分对开展水土保持工作具有积极意义，也让职权分散的《防沙治沙法》相形见绌。且专设的监管主体——流域管理机构

---

① 《中华人民共和国水土保持法》第4、第5、第6条。

也是《水土保持法》的一项创新，真正贯彻了"突出重点"方针的精神，而《防沙治沙法》中"区域防治和重点防治相结合"的原则并未在职权划分上有明确的体现。但这在一定程度上体现了防沙治沙工作的困难性、艰巨性和复杂性，因此在防沙治沙中更加突出了中央政府的责任。

此外，《水土保持法实施条例》规定了水土流失防治区的政府应实施水土流失防治目标责任制，这是《水土保持法》相关规定的细化和升级。《水土保持法》规定在水土流失的重点防治区实施各级政府水土保持目标责任制和考核奖惩制度[1]，这就将该项制度的实施范围限制在了水土流失重点防治区。这一规定存在以下两个方面的隐患：其一，虽然划定水土流失重点防治区需要依据国务院和省级政府水行政主管部门的水土流失调查结果进行，但是重点防治区划定权限仍然在于县级以上政府[2]。若地方政府因地方保护主义、逃避责任或发展经济等各种原因而未按照有关调查结果划定重点防治区，那么《水土保持法》规定的水土保持目标责任考核奖惩制度就可以不适用该政府，这就会导致该制度名存实亡。其二，《水土保持法》的政府水土保持目标责任考核奖惩制度的适用范围过窄。因为该制度只适用于水土流失的重点防治区，那么其他水土流失地区的政府责任就得到了相应的缩减。毕竟相较于重点防治区的面积而言，我国非重点防治区的水土流失分布得更为广泛。如果这些地区的政府没有有效的负向激励，很容易让一般程度的水土流失转变为严重的水土流失。所以，将水土保持目标责任考核奖惩制度限制在水土流失重点防治区是不明智的。立法主体可能注意到了一点，因此在《水土保持法》的下位法——《水土保持

---

[1] 《中华人民共和国水土保持法》第4条。
[2] 《中华人民共和国水土保持法》第12条。

实施条例》中将政府防治目标责任的范围扩大到所有水土流失防治区。这意味着只要有水土流失发生，该地政府就应该承担起防治责任并接受考核。但下位法只是上位法的补充、细化，这种与上位法相冲突的规定是否符合法理值得商榷。还有一个问题值得注意，即《水土保持法实施条例》将《水土保持法》的水土保持目标责任考核制和奖惩制度简化成了水土流失防治目标责任制。这便出现以下两个问题：一是水土保持是否完全等同于防治水土流失，二是目标责任制是否等同于目标责任考核奖惩制度。对于第一个问题，从法律法规的表述来看二者应为同一个内涵不同的表述；对于第二个问题，目标责任制的表述显然不够严谨。《水土保持法实施条例》本为《水土保持法》的具体实施文件，这样的简略表述显得过于粗糙。实践中，如果只对政府防治水土流失的业绩进行考核而没有奖惩，那么目标责任就会沦为空谈，考核制度也会流于形式。让政府水土保持责任的履行得到考核，并且让考核结果能够发挥激励作用才是关键。

相较于防沙治沙政府责任考核制度，水土保持政府责任考核制度存在以下两个方面的差异：其一，在立法方面。防沙治沙政府责任考核有专门的立法（《防沙治沙考核办法》经由国务院转发给各省级单位），但地方层面鲜有涉及防沙治沙政府责任考核的立法；反观水土保持政府责任考核制度，在国家层面却没有相关立法，但地方层面的相关立法颇多。其二，在考核主体方面。《防沙治沙考核办法》明显将防沙治沙的责任加于省级政府，13个位于土地严重沙化地区的省级政府/省部级行政区划成为考核主体；在水土保持方面，并没有正式的立法[①]将水土保持的责任直接加给省级政府。在涉及水

[①] 正式的立法指的是《中华人民共和国立法法》规定的具有立法资格的立法主体制定的立法，包括法律、行政法规、地方性法规、国务院部门规章、地方政府规章、自治条例和单行条例等。

土保持责任的地方规范性文件中①，市（州盟）级或县（市、区、旗）级人民政府成为考核对象。仔细来看，上述两个差异间存在清晰的逻辑关系：防沙治沙责任在省级人民政府，需要国家层面出台相应立法以赋予省级人民政府防沙治沙的责任；水土保持责任在市或县级政府，一般由省级或市级人民政府（的水利部门）出台考核办法来考核其下属的市级、县级人民政府。但是，水土保持责任考核对象规定得十分混乱，市级的考核办法主要将考核对象确定为县级人民政府，但省级考核办法的考核对象差异明显。例如，青海、广西的考核办法将考核对象确定为市（州）、设区的市，宁夏的考核办法将考核对象规定为县（市、区），而湖北的考核办法以市/州、县为考核对象。在没有成熟的奖惩机制的状态下，这种混乱会造成某些水土流失问题不属于考核政府的范畴而出现转移责任、放松懈怠的可能。例如，在只考察县级政府的省份，市级政府在很大程度上不会对辖区内的水土流失过于关切。因为它可以在出现问题的时候将责任推卸给所属的县级人民政府，县级人民政府也很可能碍于行政隶属关系承担下这个责任。而且，在没有成熟的奖惩机制时被考核的政府也无须过度担心考核结果。总的来说，从《水土保持法》规定的水土流失重点防治区各级人民政府水土保持目标责任考核奖惩制度，到《水土保持法实施条例》中的水土流失防治区地方人民政府水土流失防治目标责任制，扩大了适用范围但缺失了奖惩机制。在具体的实施中，由于没有像《防沙治沙考核办法》这样统一的部

---

① 现阶段，我国并没有一部有关水土保持目标责任考核的正式立法，而只有一些地方规范性文件。这些文件一般由省级政府或市（州盟）级政府的水利部门制定，后经由上级政府同意后由政府办公厅以通知的形式印发（只有湖北是由其省水利厅直接发布的）。据统计，省级、市（州）级相关规范性文件共有26个。它们分布在天津、山西、黑龙江、浙江、福建、江西、山东、湖北、广西、四川、贵州、云南、青海、宁夏。其中，省级规范性文件有青海、重庆、山西、云南、湖北、广西、宁夏、天津、贵州。可见，我国北部的内蒙古、甘肃、新疆等土地沙化严重的省份并没有相关立法或规范性文件出台。

门规章出台，地方自己争先出台的考核办法让水土保持政府责任考核制度在具体的实施中变得面目全非、杂乱无章。

其次，政府支持和鼓励下的社会主体对水土流失的自愿治理。政府根据不同的情况，综合采取税收、资金、技术以及治理主体权益保障等手段，支持和鼓励社会主体自愿参与水土流失的治理。政府支持和鼓励企事业单位和个人根据水土保持规划参与水土流失的治理，支持和鼓励社会主体通过承包"四荒"治理水土流失。通过对"四荒"的治理防治水土流失不仅有《土地管理法》和《中华人民共和国农村土地承包法》的明文规定①，在诸如《国务院办公厅关于治理开发农村"四荒"资源进一步加强水土保持工作的通知》（国发办〔1996〕23号）、《国务院办公厅关于进一步做好治理开发农村"四荒"资源工作的通知》（国发办〔1999〕102号）等诸多政策文件中也有专门提及。国发办〔1999〕102号文件对"四荒"的定义为农村集体所有的荒沟、荒山、荒丘、荒滩（包括荒地、荒沙、荒草和荒水等），"四荒"属于我国法律明确鼓励可以合理开发的未利用地。在"四荒"的具体开发中，许多地方政府只为短期的经济利益而对其进行过度开发，造成严重的水土流失和土地荒漠化现象。实际上，"荒"代表的是一种自然状态，一种鲜受人类活动滋扰的状态，保持"荒"的状态在一定意义上就是保护水土和生态。在人口和水土资源关系日益紧张的情况下，合理地利用"四荒"可以实现防治荒漠化和脱贫致富的双赢。在荒漠化地区实现对"四荒"的有效利用，需要荒漠化防治法依据当地情况有针对性地做出更合适的制度安排和保障措施，例如，规范取得承包权的流程、适当放宽承包者的义务以及强化对承包者的权益保护等。

最后，按照"谁破坏、谁治理"原则确定的、具有强制性治理

---

① 《中华人民共和国土地管理法》第13条，《中华人民共和国农村土地承包法》第3条。

责任和义务的社会主体。《水土保持法》规定，开办生产建设项目和其他生产活动，造成水土流失，应当进行治理；如果在山区、沙区等容易造成水土流失的地区开办生产建设项目和其他生产活动造成水土流失，无法恢复治理，则要按照要求缴纳相应的水土保持补偿费，进行专款专用，用于水土流失的治理。[①]

综上所述，从《防沙治沙法》《水土保持法》《防沙治沙决定》《防沙治沙考核办法》《水土保持法实施条例》等规范性法律文件对我国荒漠化治理的主体及其责任的规定来看，我国规范性法律文件对荒漠化治理主体的规定已经非常全面，包括各级人民政府、行政主管部门、企事业单位、自然人。在某种意义上，几乎所有的社会主体都是我国荒漠化治理的合法主体。这一点与我国目前在环境资源治理领域所倡导的充分发挥政府主导性责任、企业主体责任和社会公众的广泛参与相结合的多元治理体系相一致。党的十九大报告明确指出，我国要建立政府为主导、企业为主体、社会组织和公众共同参与的环境治理体系。需要指出的是，有关防沙治沙和水土保持的规范性法律文件并未明确规定社会组织（环保非政府组织）在荒漠化治理中的主体地位和作用。对此，可从两个方面加以弥补：一是社会组织可以按照《防沙治沙法》和《水土保持法》的规定，通过自愿性协议对荒漠化的土地进行治理，从而明确社会组织治理荒漠化的主体资格及责任；二是通过《环境保护法》《民事诉讼法》等关于环境民事公益诉讼制度的规定，使符合条件的环保非政府组织对造成荒漠化的直接责任者提起环境民事公益诉讼，要求致害者修复荒漠化的土地，从而实现社会组织在荒漠化治理中的主体地位及其作用。

尽管《防沙治沙法》《水土保持法》等规范性法律文件对荒漠

[①] 《中华人民共和国水土保持法》第32条。

化治理主体的规定较为全面，但相关主体能否很好地发挥其荒漠化治理的作用，关键还要看相应主体的责任能否得到很好的监督和落实。首先，在政府主导责任方面，上文的论述已经表明，沙化土地治理的政府主导责任要比水土流失治理的政府主导责任能够得到更好的贯彻和落实，主要原因在于政府不仅在沙化土地治理上的责任目标清晰，而且有具体的考核监督机制以保障政府治理责任的落实。对此，可以结合本书第四章关于荒漠化防治政府责任制度的有关内容进行完善，在此不再赘述。其次，在作为荒漠化直接责任者的社会主体的责任方面，《防沙治沙法》及其补充性规范文件并没有规定，而《水土保持法》直接要求导致水土流失的责任者承担相应的治理责任。对此，《防沙治沙法》存在一定的缺陷。损害担责作为环境资源保护领域的一项基本原则，在荒漠化防治领域起到直接作用。也就是说，如果某块土地的沙化是由某特定主体的开发利用直接造成的，则该主体毫无疑问应当承担相应的修复治理责任。然而《防沙治沙法》规定，沙化土地的使用权人或承包权人在未采取防沙治沙措施且造成土地严重沙化的情况下才会被责令限期治理。[1] 可见，必须满足"未采取治沙措施"且"造成严重沙化"两个要件后，致害主体才承担"限期治理"的责任。可见，这种规定并未严格地贯彻损害担责原则，对致害人的约束过于宽松。再次，在社会主体的法定治理责任方面，《防沙治沙法》明确规定特定沙化土地的使用单位承担法定的治理责任，由县级人民政府负责落实[2]，但是对沙化土地的自然人主体并未规定相应的法定治理责任。而《水土保持法》既未规定任何特定单位的法定治理责任，也未规定特定自然人的法定治理责任。在某种意义上，由法律直接规定荒漠化土地的使用者

---

[1] 《中华人民共和国防沙治沙法》第39条。
[2] 《中华人民共和国防沙治沙法》第30条。

在特定的情况下承担一定的治理责任不仅必要而且可行，既可以防止土地荒漠化程度的加剧，也可以有效避免荒漠化土地因治理责任主体不明而无人关心的局面。最后，重视自愿参与荒漠化治理的社会主体的合法权益的保护，充分调动广大社会主体治理荒漠化土地的积极性。我国拥有面积广阔的荒漠化土地，仅靠政府来治理荒漠化土地是不切实际的。以2000年前后的物价水平进行估算，每治理一亩沙化土地就需要投资300元并花费4—6年。仅将我国具备治理条件的约53万平方千米的沙化土地治好就需要投资2340亿元，在"八五"时期，国家每年仅投入3000万元预算用于全国范围的防沙治沙。[①] 由于沙区能给国家带来的中短期经济利益远小于东部沿海地区，无论国家财政的多寡，短期内投入大量资金到防沙治沙中并不明智。我国正处于大有作为的战略机遇期，尤其是21世纪的前20年，集中精力发展经济才是国家的根本任务。在这种大背景下，国家财政无力也无意向防沙治沙工作过多倾斜，国家能力范围内的支持就必须同沙区各方的努力相结合才能取得显著的防沙治沙效果。财政状况窘迫的沙区政府理应发挥领导、组织、协调和保障的职责，但社会各界参与沙化土地的治理更能加快防沙治沙的进度。与此同时，土地沙化地区庞大的人口数量便具有了从劣势转变为优势的潜力。一方面，大量因退耕还林还草而无业、待业的农牧民可以投工投劳到防沙治沙工程中并获得收益；另一方面，有一定经济实力的农牧民可以承包沙地进行营利性治沙。内蒙古亿利集团在发展实业时不仅治理了大片的沙地，还获得了巨额的经济利益，而当地的生态难民也因参与治沙有了可观、稳定的收入。在陕西榆林治沙有功的"大漠赤子"石光银，于1984年便开始承包沙地并成立了我国首个农民治沙公司。虽然治沙之路异常坎坷，但石光银通过不懈地奋

[①] 卞耀武：《中华人民共和国防沙治沙法释义》，法律出版社2002年版，第55—60页。

斗摸索出了符合当地情况的治沙模式。不仅让沙区增绿，还让1500多户农民获益。发挥单位和个人的逐利动机或者精神力量对全国性的防沙治沙具有重要意义。在这个过程中，需要坚持的两个原则是适度原则和生态优先原则。适度原则要求单位或个人在防沙治沙中获利的时候不应超过土地自身的承载力，而生态优先原则需要将防沙治沙作为获得经济利益的基本前提。在防沙治沙的历史中曾发生治沙者的治沙成果被人为破坏的案例，更有甚者在治沙后一无所获甚至倾家荡产。如果没有法律的有力保障，任何营利性治沙活动都将成为水中之月，所有公益性治沙活动将成为镜中之花。早在2003年，石光银就因长期治沙而欠债千万元且面临"树木国家不让砍，林子国家也不收"的窘境。保障治沙者的合法权益，不仅要保护合法权益不受侵害，还要保证合法权益的"含金量"。此处所言的"含金量"，则是指相关政策、法律法规所能给治沙者提供的正向激励措施。《防沙治沙法》要求政府为治沙者提供政策优惠，如资金补助、财政贴息和税费减免；免除治沙者投资阶段的一切税收，获益后还可对有关税收实施减免；对在国有沙化土地上治沙的治沙者可以在使县级以上人民政府批准后享有最长70年的土地使用权；对出于生态保护考虑应设立保护区或封禁区的土地，治沙者可从相关职能部门获经济补偿。[①]

二 荒漠化治理的措施与机制制度

在实践中，荒漠化治理的具体措施多种多样。总的来说，无论采取什么治理措施，都既离不开对科学的尊重，也离不开对荒漠化地区人们生活需求的尊重。唯有将二者有效结合起来，使二者相互

---

① 《中华人民共和国防沙治沙法》第33、第34、第35条。

促进，方能使荒漠化治理收到标本兼治的效果。

一方面，在开展荒漠化治理工作的进程中是否遵循生态规律并运用科技手段，影响着荒漠化治理的最终成果。遵循自然规律是前提，依靠科技是手段，二者缺一不可。在内蒙古库布齐沙漠治理过程中所运用的科技手段，在新疆塔克拉玛干沙漠周边不一定能发挥同样的功效，甚至会起到反作用。因为两地的生态环境不同，其所反映的生态规律也相异，因地制宜地遵循生态规律并合理地使用先进科技才能取得防沙治沙的最终胜利。所以说，这条原则所表达的核心内涵是坚持科学原则。而现代环境法的总体发展方向是借鉴环境科学、生态学原理，将环境作为一个整体进行考量，这就要求在防沙治沙中摸索出旱区整体生态环境的内在规律。在充分了解不同旱区的生态规律后，运用先进的科技手段植树造林、兴建水利设施才能产生积极作用，否则只能事倍功半。据考证，因河流上下游或地下水资源的分配、开采不合理导致的水资源供给失衡让部分地区土地沙化，而水资源的供给失衡竟源于政府兴建的水利设施。这些本应带来良好经济、生态效益的利民工程，因预先未充分考虑当地自然情况而最终导致荒漠化。[1]

另一方面，尊重荒漠化地区民众的生存与发展需求。在《防治荒漠化公约》中，贫困被视为荒漠化最为重要的社会影响，而解决因荒漠化带来的贫困便成为包括《防治荒漠化公约》在内的诸多环境保护国际条约的首要目的。我国作为《防治荒漠化公约》的缔约方，毫无疑问也承担着在荒漠化治理过程中扶贫、减贫的重要使命。现实是我国土地荒漠化地区贫困人口数量众多，其依赖传统农牧业和处于生产链低端的工业。这种不健康的经济结构不仅导致了土地

---

[1] 案例之一便是在甘肃石羊河流域耗时约40年才建成的红崖山水库，虽然该水库对本地的经济和生态产生了良好的影响，但其导致河流下游的部分地区水资源更加匮乏，进而加剧了土地沙化。

荒漠化的加剧，也让土地荒漠化为该经济结构的持续发展设置了难以突破的瓶颈。长此以往，土地荒漠化和经济衰退将会扼住旱区发展的咽喉，让生态破坏和贫穷二者往复循环。最终的结果无非两种：一种结果是当地农牧民被迫放弃原居地，成为生态难民迁出；另一种结果是原住民难以忍受而怨声载道，对政府产生不信任心理。无论哪种结果，都会给社会的稳定性带来冲击，而无人管护的荒漠化土地可能演变为寸草不生的沙漠。无论是古丝绸之路上盛极一时、后为风沙所吞没的楼兰古国、精绝古国，抑或是近几年欧洲爆发的数次难民危机，它们衰败、混乱的背后都能看到荒漠化匆匆行进的影子。可见荒漠化可以成为贫困、动乱的起因，也可能成为贫困、动乱的最终结果。从国家性质来看，我国作为中国共产党领导下的社会主义国家，党和政府的宗旨便是为人民服务。因此，只要土地荒漠化给国家和人民的利益带来威胁和损害，国家、政府就应义不容辞地采取扶持措施。从法律方面来看，《防沙治沙法》也明确了全国范围的防沙治沙工作是在国务院的领导下展开的，且各级人民政府和有关部门都应当采取措施以防沙治沙。为此，国家在荒漠化治理的过程中出台了一些便农惠农政策以为沙区的农牧民减轻经济负担，如退耕还林还草补贴是每年每亩补助20元、200斤（1斤＝0.5千克）粮食和一次性50元的种苗补助费[1]。通过治理荒漠化改善了的生态环境，理应为当地农牧民带来一定的经济价值。经济价值的创造既可以发生在"合理利用自然资源"的过程中，也可以发生在荒漠化治理的过程中。由于荒漠化土地按照不同的荒漠化程度分为多类，并非所有种类的荒漠化土地都需要无条件的保护而不能利用或产生经济价值。具有荒漠化倾向的土地和轻度沙化土地完全可以继续进行农牧业生产，只不过开发力度要合理；而重度

---

[1] 卞耀武：《中华人民共和国防沙治沙法释义》，法律出版社2002年版，第45—50页。

荒漠化土地如果具有储量可观的矿产，仍然可加以开发，但要注重矿产开采和土地保护的同步。对于正在治理或治理成功的荒漠化土地，通过抚育性的间伐也可以一定程度地刺激沙区林业经济发展或缓解农牧民生产生活燃料的紧缺。总之，沙区政府往往是吃"财政饭"的贫困政府，沙区人民在贫困中渴望生活条件的改善。国家必须注意到满足荒漠化地区居民的物质需求同满足他们的生态需求一样重要，甚至更为根本。从整体主义的视角来看，荒漠化治理是惠及全人类的壮举；从荒漠化地区居民的视角来看，荒漠化治理主要是一种公益性活动，这项活动一定程度地牺牲了他们的发展权。因此，荒漠化治理在考量全局的情况下还必须着眼沙区人民的根本利益。

在上述两个方面的基础上，我国《防沙治沙法》《水土保持法》及其相关规范性法律文件规定了一系列荒漠化治理措施，如植树造林、人工种草、封沙育林育草、退耕退牧还林还草、生态移民、生态补偿等。在此，主要对其中具有重要典型意义的荒漠化治理的措施性制度进行梳理和论述。

（一）工程治理

荒漠化土地的工程治理是指针对荒漠化问题比较严重、亟须治理且有治理可行性的特定地块，通过一些具有针对性的重点工程建设项目和区域性工程项目对其进行治理。在实践中，我国已经通过实施"三北"防护林工程项目、京津风沙源治理工程项目、牧区水利工程项目以及一系列小流域水土流失治理工程项目等对荒漠化土地进行治理，并收到了较好的效果。

我国《防沙治沙法》尽管未明确规定对沙化土地实施工程治理，但现实中的诸多大规模治沙活动都是通过治沙工程项目实施的。无论是大规模防护林网林带的建构还是沙化地区的节水措施及大规模的封禁固沙措施，都通过相应的工程项目加以落实。通过沙化土地治理的工程项目，把相关政府及其行政主管部门、企事业单位及社会公众联结起来，相关企事业单位和其他社会主体在政府的主导和监督下具体开展沙化土地的治理，使政府的主导作用和企事业单位及相关社会主体的主体作用得到充分发挥。并且《防沙治沙决定》明确要求国务院林业、农业、水利等相关部门及各级地方人民政府要抓好重点治沙工程建设以及区域性治理项目，建立沙化土地治理示范区，探索总结治沙经验，并对工程项目进行监管以确保治沙目标的实现。《水土保持法》还明确规定国家要加强将水土流失重点防治区的坡耕地改为梯田、淤坝地等的重点工程项目建设，加快水土流失的修复治理；地方各级人民政府的水行政主管部门要加强水土流失重点工程项目的监督和管理。①

工程治理要想达到预期的效果，就必须从规划、立项、设计、施工、监督等多个方面进行严格把关。首先，荒漠化治理的重点工程应当在相关规划中提前规定。荒漠化防治规划应当在国民经济与社会发展总体规划和主体功能区规划的基础上，对荒漠化治理的重点工程项目作好规定。例如，《中华人民共和国国民经济和社会发展第十三个五年规划纲要》在第十编"加快改善生态环境"中通过"专栏18"对"山水林田湖生态工程"作出明确规定，其中，针对荒漠化治理的工程项目如下：推进青藏高原、黄土高原、内蒙古高原、塔里木河流域等关系国家生态安全核心地区的生态修复治理；加强"三北"防护林建设；天然林资源保护；新一轮退耕退牧还林还草；北方防沙带、黄土高原等重点区域水土流失综合防治，新增水土流失治理面积27万平方千米；等等。这些内容要在荒漠化防治的专项规划中进一步具体化，使目标和过程内容更加具体、更具可

---

① 《中华人民共和国水土保持法》第30条。

操作性。荒漠化防治专项规划中规定的荒漠化治理重点工程项目最终都会落实到县级以上地方人民政府及其荒漠化治理行政主管部门，因而确保规划中规定的荒漠化治理重点工程项目的实施就成为县级以上地方人民政府及其荒漠化行政主管部门的职责和任务。其次，县级以上人民政府及其荒漠化防治行政主管部门根据上级规划和本地区荒漠化防治的具体情况，综合考虑，对具体的荒漠化治理重点项目进行立项论证，确保治理工程项目科学合理。再次，地方政府及其荒漠化防治行政主管部门通过公益途径、市场招投标及治理协议、委托等多种方式，确定治理工程项目的具体建设者，以及参与治理各方的权利、义务和责任，使各方主体权责清晰。最后，治理工程的具体实施和监督是项目建设者按照相关法律和协议的规定，开展治理工程项目建设。政府在治理项目建设中要做好监督和保障工作，使项目按照预期推进，并做好建设项目结束后的验收工作，确保治理工程收到预期实效。

荒漠化治理重点工程项目直接针对现实中较为突出的荒漠化区域实施人为改造和整治，进行"点穴式"治理，针对性强，能够收到较好的"治标"效果。但是，重点治理工程一般受到地域范围的限制而具有局部性，进而导致孤立的、零星的重点治理工程虽然能够收到较好的治理效果，但这种措施主要是治标，而非治本，并未从根本上解决人地之间的紧张与矛盾关系。所以，要想使荒漠化治理重点工程项目发挥更好的荒漠化治理效果，就必须使各具体项目紧密结合，有序推进，以实现规模化效应。除此之外，还应当与其他非工程性治理措施相配合，共同实现荒漠化治理的目标。

（二）退耕还林还草与退牧还草

退耕还林还草与退牧还草又称退耕退牧还林还草，是指根据我国相关法律法规的规定，政府采取一定的措施，使特定区域的农民和牧民放弃对土地的耕种和放牧，使原有的耕地和牧地变成林地和草地，进而治理土地的荒漠化。退耕退牧还林还草制度是我国荒漠化治理的一项重要的制度。"退耕"最早出现在《草原法》（1985）中的"退耕还牧"中，但这仅是将农业发展向牧业发展转变而已。自《土地管理法》（1998）首次提出退耕还林后，《防沙治沙法》《农业法》《草原法》等立法相继将退耕还林、还草写入法条。其目的是，虽然耕地很重要但生态更重要；宁可牺牲部分农业经济，也要保护土地上的生态环境。退耕退牧还林还草既是一项荒漠化治理措施，也是我国的一项重要的国家战略，体现出"以退为进"的精神内核。耕地作为最为重要的资源关系到经济发展、社会稳定和国家安全等诸多层面，全力保护耕地、严控耕地总面积是我国的基本方针。然而，退耕还林还草不仅会直接减少耕地面积，还会耗费大量的人财物力。在这种与国家大政方针相"违背"的"不经济"的行为背后，是人与自然关系的严重冲突，其表现之一便是人地关系失调的恶果——土地荒漠化。在这些荒漠化土地的低产投比的耕地上进行植树造林，从表面上看是造成了耕地面积的减少，但从宏观、长期来看，退掉的耕地变成了森林，这不仅能弥补因占用低产耕地而导致的损失，还将为经济、社会、生态带来巨大的预期红利。

我国荒漠化防治相关规范性法律文件对退耕退牧还林还草作出了明确的规定。《防沙治沙法》要求采取退耕还林还草的土地使用权人和承包经营权人按照国家的有关规定享受政府提供的各种优惠政策[1]，但怎么实施退耕还林还草，《防沙治沙法》并未作出进一步的明确规定。《防沙治沙决定》也明确要求"生态区位重要、粮食产量低而不稳定的沙化耕地实施退耕还林还草""对严重退化、沙化的

---

[1] 《中华人民共和国防沙治沙法》第25条。

草原实行退牧还草"，但《防沙治沙决定》本身仍未对如何退耕退牧还林还草作明确规定。《水土保持法》规定了国家鼓励和支持风沙区等容易造成水土流失的区域采取"免耕"措施①；《草原法》规定了对"水土流失严重、有沙化趋势、需要改善生态环境"已经开垦的草原应当有计划有步骤地实施退耕还草，具体办法由国务院或省级人民政府规定②；《农业法》则要求为了构建更好的农业生产制度，应加强林业草原的保护和生态建设，实施天然林保护、退耕还林和防沙治沙工程，推广圈养和舍饲③。由此可见，我国荒漠化防治相关立法虽然规定了退耕退牧还林还草的治理措施，但并未规定该措施的具体实施办法。

我国退耕退牧还林还草的具体措施具体体现在国务院制定的行政法规《退耕还林条例》中。《退耕还林条例》涉及农业发展（耕地）和保护生态环境（植树造林）之间的关系，以保护促发展也体现在"改善生态环境、优化农村产业结构"这一立法目的中。《退耕还林条例》中的"退耕还林的规划计划""造林、管护及检查验收""资金与粮食补助及其他保障措施"等内容对如何实施退耕还林作出了较为详细的规定，增加了退耕还林的可操作性。此外，已经有部分省份根据《退耕还林条例》制定了各自的《退耕还林条例实施办法》，对退耕还林的具体实施作了更加具体的可操作性规定。综观《退耕还林条例》的相关规定，其主要具有以下三个方面的重要内容和优势特点。

首先，退耕还林必须坚持生态优先原则。遵循自然规律是退耕还林的基本前提。退耕还林工程作为人类有史以来最大的生态建设

---

① 《中华人民共和国水土保持法》第39条。
② 《中华人民共和国草原法》第46、第48条。
③ 《中华人民共和国农业法》第16条。

工程，对我国的生态安全至关重要，如何正确地退耕还林是需要回答的首要问题。然而，在以经济建设为中心的发展时期，我国诸多环境单行法难以真正做到坚持生态优先、遵循自然规律，因为这样做可能会在短期内抑制经济的增长，如退耕还林会对农业经济的短期增长造成冲击。《退耕还林条例》要求退耕工作中退掉的耕地不仅包含荒漠化严重的低产地，还可能包含产量正常的基本农田，前提是因生态建设特殊需要。[①] 可见，在退耕还林时坚持生态优先，遵循自然规律对农业经济的发展是不利的。但是，这种不利是短期的，其对整体生态而言的红利是长期的，良好的生态环境是农业经济长远发展的前提。《退耕还林条例》明确规定要"坚持生态优先"，以"遵循自然规律"为基本原则，因地制宜地植树种草。在什么样的土地上种植什么植物以及怎样种植，需要依据气候条件、土地属性、植被种类和植被的生长规律来定。因此，选择的树种、植被的配置被纳入年度退耕还林方案[②]；在旱区应以恢复原生植被为主，种植耐旱灌木、草本植物[③]；种苗也优先选取当地树种，这符合自然选择法则[④]。这种在尊重自然、遵循规律的基础上做出的退耕还林措施，不仅可以防治土地荒漠化、保护更广阔的良田，还可以避免因忽视自然需求所采取的保护措施给生态环境带来的二次破坏。

其次，明确省级人民政府的责任。政府在荒漠化防治中的责任已经在诸多荒漠化防治立法中有表述，《防沙治沙法》和《水土保持法》将防沙治沙和水土保持的责任交给了沙区和水土流失地区的地方政府，《退耕还林条例》也明确提出退耕还林实施省级人民政府负责制，省级人民政府应如期完成中央下达的退耕还林任务，并逐

---

① 《退耕还林条例》第16条。
② 《退耕还林条例》第21条。
③ 《退耕还林条例》第22条。
④ 《退耕还林条例》第26条。

级下达目标责任。① 这实际上同《防沙治沙考核办法》一样将责任赋予了省级人民政府，但其隐含地方各级人民政府都应负责的含义。在退耕还林的初期，《国务院关于进一步完善退耕还林政策措施的若干意见》（现已失效）就明确省级人民政府对退耕还林负总责（由一位省级领导具体负责），严格落实目标、任务、资金、粮食、责任五个方面。此后，为巩固退耕还林工程所取得的阶段性成果，《国务院关于完善退耕还林政策的通知》再次强调省级人民政府负总责，坚持目标、任务、资金、责任"四到省"原则。当然，上述意见、通知也要求省级人民政府应将目标层层下达至市（地）、县（市）、乡级人民政府。但是，《退耕还林条例》在省级人民政府负责制之后又规定了退耕还林的目标责任制。这个目标责任制不同于防沙治沙中的政府行政领导的目标责任制，也不同于水土保持中的政府目标责任制，因为承担退耕还林目标责任的主体是由县级以上人民政府有关部门通过签订责任书的方式确定的项目负责人和技术负责人②。可以说，《退耕还林条例》确立了省级政府责任制，但并未规定政府目标责任制，而只建立了低级别的专业人员目标责任制。如果省级人民政府责任制中并不包含政府首脑目标责任制，那么《退耕还林条例》中这种错位的制度构建在一定程度上会减轻政府领导的责任。

最后，构建合理的经济激励和补助制度。退耕还林虽是百年大计，但短期内对农业增长、农民增收的负面影响是较大的。平衡好退耕还林和农民致富二者的关系是取得群众基础的首要条件。正如防治荒漠化和处理贫困一样，本质上都是环境保护和经济发展间的矛盾。因此，国家在退耕还林时实施"以粮代赈、个体承包"的政

---

① 《退耕还林条例》第7条。
② 《退耕还林条例》第8条。

策，坚持退耕者受益、改善退耕者生活的原则。退耕还林地区大部分是土地荒漠化严重、粮食产量低而不稳的地区，广大农民可能还在温饱线上徘徊。同时，国家在财政方面也较为紧张，有大量的领域需要财政投入。在这种条件下，国家通过无偿提供粮食为退耕之后的农民提供粮食方面的保障。以粮代赈一来使农民原生活水平稳定，二来缓解国家财政的紧张。然而，解决粮食问题只是第一步，如何让农民通过退耕还林而致富更为重要。国家林业行政主管部门和省级人民政府分别编制退耕还林总体规划和省级行政区退耕还林规划，县、乡级人民政府与土地承包经营权人依据退耕还林规划签订合同。农民在退耕还林工程中通过个体承包的形式投工投劳，不仅能获得粮食，还能获得相应的补助费用。在此过程中，农民不仅温饱得到了解决，还获得了自己所栽树木的所有权。尤其是在种植经济林的地区，不少农民获得了可观的收入。此外，农民可以将自己享有承包权的土地委托给他人实施退耕还林而从中获益。《退耕还林条例》还在省级人民政府负责制中嵌入将妥善使用中央财政补助资金的责任交给省级人民政府，保证了退耕还林资金的专款专用。

此外，需要注意的是，《退耕还林条例》并不适用于退牧还草[①]，退牧还草的实施要按照《草原法》和国务院的有关规定进行。但是，《草原法》并未对退牧还草的具体实施作出明确规定，尽管《草原法》在2013年作了最新修订，但是，其关于退牧还草的规定还处于2002年修订的水平。所以，对退牧还草的实施主要根据国务院及原农业部等相关机构制定的一系列政策。国务院及其相关部委并未制定类似于《退耕还林条例》的退牧还草条例，而是制定了一些有关退牧还草的政策，如《国务院关于加强草原保护与建设的若

---

① 《退耕还林条例》第63条。

干意见》《关于进一步完善退牧还草政策措施若干意见的通知》《关于进一步加强退牧还草工程实施管理的意见》《农业部办公厅关于进一步加强退牧还草工程实施项目管理工作的通知》等。综观这些规范性文件的规定，其中关于退牧还草的可操作性内容主要体现在以下三个方面：一是行政主管机关及其监督管理权。国务院农业主管部门主管全国的退牧还草，地方由省级人民政府负总责，然后由省级人民政府将退牧还草的任务指标逐层分解落实到市（地）、县（市）、乡级人民政府，再由市（地）、县（市）、乡级人民政府落实到具体的牧户，由市（地）、县（市）、乡级人民政府直接负责。二是退牧还草的补助标准、资金来源与保障等。国家对实施退牧还草的牧户按照一定的标准给予围栏建设费、补播草种费、粮草补助金等，并实行中央财政与地方财政分担机制，即国务院对批准实施退牧还草的省实施固定的退牧还草补助标准，超出标准的补助及饲料粮调运费由地方财政承担。三是退牧还草项目的具体实施和监督。退牧还草主要由市（地）、县（市）、乡级人民政府与退牧还草的牧户签订退牧还草协议，具体规定退牧还草的目标、时间、面积、方式、补助、责任等，确保退牧还草收到预期实效。

因此，将上述的退耕还林和退牧还草相比，我们不难发现其中的异同。其实，无论是退耕还林还是退牧还草，都是将农牧业生产的土地逐渐改成纯粹的林地和草原，由此减轻农牧业生产给土地造成的生态压力，恢复土地的生态环境。但是，在我国按照资源要素划分管理权限的行政管理体制下，退耕还林主要由林业行政主管部门管理，而不是农业行政主管部门管理，退牧还草则是由农（牧）业行政主管部门管理，而不是草原行政主管部门管理，即使在目前国务院各部委已经进行大部制改革后，这种管理权限也未得到立即、彻底的改变。同种功能的事项分别由两个不同的行政主管部门管理，在现实中可能造成事权的冲突和空隙。比如,对于既有林又有草的地区,如何实现退耕还林和退牧还草?对于荒漠化土地既可以实施退耕还林也可以实施退牧还草,到底要实施哪种措施?① 所以,两个或两个以上不同的行政主管部门就退耕退牧还林还草事项,应当在本级人民政府的统筹指导下,协调进行退耕退牧还林还草工作,既不能无功受禄,也不能回避任务。好在无论是退耕还林还是退牧还草,都以生态优先为基本原则,这也是退耕退牧还林还草的直接动因和主要目标。

就资金补助的范围和标准而言,退耕还林与退牧还草存在不同。退耕还林是按照规划进行的,由国务院批准的规划规定的退耕还林,其相关补助资金由中央财政负担,此范围外则由地方政府自己决定,其补助金由地方财政负担。退牧还草是按照地域实施的,在国务院批准的地域实施退牧还草,补助资金在国家规定的标准范围内的部分由中央财政负担,超出国家规定标准的部分,由地方财政负担。就退耕还林和退牧还草的具体落实方法、程序、监督等方面,二者都通过具体的工程项目得到最后落实,其机制是相同的。

(三) 生态移民

从广义上说,生态移民又称环境移民,是指在自愿或强制的基础上,将生活在自然保护区、水土流失和沙化严重的生态破坏区、生态环境特别敏感和脆弱的地区以及其他不宜生活的荒漠化地区的人口迁移到其他生态环境良好、适合人居的地区定居。因此,广义的生态移民既包括人口从生态破坏严重的地区迁移出去,也包括人

---

① 经过 2018 年大部制改革之后,国家林业和草原局将原农业部的草原监督管理职责纳入。但在实践中,无论是中央还是地方的林草、农业农村行政主管部门,都仍然对退耕退牧还林还草工作进行监管和具体实施。总体上讲,林草部门对退耕还林还草负责,农业农村部则对退牧还草讲得较多。这种权力交叉难以保证效果。

口从自然保护区等需要特别保护的生态良好地区迁移出去。就荒漠化治理而言，生态移民主要是指将人口从荒漠化严重的地区迁移到其他适合人居的生态环境良好地区。所以，从本质上说，生态移民可使荒漠化地区的人口减少，从根本上解决人地冲突的问题，从而降低和减轻荒漠化土地的生态破坏压力，有利于荒漠化土地的恢复和治理。在现实中，根据土地荒漠化的严重程度不同，可以将荒漠化土地上的人口全部迁出或部分迁出。如果将荒漠化土地上的人口全部迁出，则意味着生态移民是强制性的；如果将荒漠化土地上的人口部分迁出，则一般是采取自愿优先、强制保障的原则，即先根据居民自愿原则进行迁移，如果自愿迁移的居民数量不够，再考虑采取一定的标准强制迁移。我国从2000年开始实施生态移民，到目前为止仅西部地区就有约1000万人口进行了生态移民。2016年，《全国"十三五"易地扶贫搬迁规划》发布实施，国家计划在未来5年内将22个省份1400个县的981万贫困人口易地搬迁。其中，316万贫困人口分布在荒漠化、水土流失严重、边远高寒地区，约占总迁出人口的1/3。

实施生态移民明显具有两个方面的意义：一方面是有利于减轻荒漠化地区生态环境的人口压力。从某种意义上我们可以说，土地荒漠化的直接原因就是人类的社会经济活动超出了土地生态环境的承载力，从而导致土地生态环境的破坏和恶化，直至荒漠化。而过多的人口是造成社会经济活动超出土地生态环境承载力的主要原因之一。因此，实施生态移民，将人口从荒漠化土地上迁移出去，减轻荒漠化土地上的人口压力，有利于荒漠化土地的恢复。另一方面是有利于我国贫困地区的人口脱贫。我国贫困人口所在地区与土地荒漠化的地区具有很大程度的重合性，也就是说，我国贫困人口主要集中在土地荒漠化等生态环境破坏比较严重的区域。这在一定程度上形成了恶性循环。贫困人口与土地荒漠化相互促进和强化。贫困人口为了生存和发展，加大对土地等自然资源的开发利用力度，促成了土地荒漠化等生态环境破坏；反过来，土地荒漠化等生态环境破坏使自然资源更加紧缺，无法满足人们进一步发展的需要，加剧了贫困的程度。因此，要想打破这种恶性循环，生态移民是其中重要的途径之一。将土地荒漠化等生态环境破坏严重的地区的贫困人口迁移到生态环境良好地区定居生活，既有利于治理土地荒漠化等生态环境破坏，又可以实现贫困人口的脱贫。

其实，在我国荒漠化防治相关规范性法律文件中，有不少文件都明确规定了生态移民制度。《防沙治沙法》就规定了沙化土地封禁保护区内禁止任何破坏植被的行为，县级以上地方人民政府应当有计划有组织地将沙化土地封禁保护区内的农牧民迁出，妥善安置。[①]这是我国《防沙治沙法》对生态移民的明确规定。根据该规定，生态移民主要有三个方面的内容：第一，此处的生态移民是县级以上地方人民政府的责任，由政府负责将农牧民迁出，并妥善安置。第二，此处的生态移民是针对沙化土地封禁保护区内的农牧民，前提条件是划定沙化土地封禁保护区。第三，并不是对沙化土地封禁保护区内的所有农牧实行"一刀切"式的全部迁出，对于未迁出的农牧民，其生活由沙化土地封禁保护区管理部门妥善安排。所以，《防沙治沙法》所规定的生态移民实际上以自愿为主，并且，沙化土地封禁保护区内农牧民究竟如何迁出，《防沙治沙法》并未作出明确规定。但是，《防沙治沙决定》明确规定要对"生态严重恶化的地区有计划地实施生态移民"。据此规定，是否实施生态移民，关键的条件之一就是该地区是否属于"生态严重恶化的地区"。但是，生态究

[①] 《中华人民共和国防沙治沙法》第22条。

竟恶化到什么程度才能算是"严重恶化",《防沙治沙决定》也未作出规定。结合《防沙治沙法》,划为沙化土地封禁保护区的地区毫无疑问属于生态严重恶化的地区,但除沙化土地封禁保护区外,是否还有其他的沙化地区需要生态移民,法律并未明确规定。在实践中,沙化土地封禁保护区的范围及其他实施生态移民的生态严重恶化的地区的具体范围,由《全国防沙治沙规划》具体规定。《水土保持法》则规定国家鼓励和支持从风沙区等容易发生水土流失的生态脆弱区向外移民[①],但是生态移民如何具体实施,该法并未明确规定。尽管《草原法》对生态移民没有明确规定,但在我国西北地区的草原保护实践中,草原生态移民已经是一个不争的事实。例如,作为我国第二大草原的新疆巴音布鲁克草原早在2008年就开始了生态移民,还有甘肃古浪县的草原生态移民、内蒙古锡林郭勒草原生态移民等。

总之,从整体上看,我国荒漠化防治相关法律为了有效治理土地的荒漠化对生态移民制度作了较为抽象和概括的规定,但是,生态移民到底在什么条件下进行,移民谁、怎样移、往哪儿移等问题,法律都未给出明确规定。在现实中,生态移民的具体操作都是由各地的政策具体管理的。综观我国生态移民的实践,该制度实施中最为关键的问题就是移民的前提、移民的接收地与安置、移民的资金保障等。

首先,实施生态移民,其前提是确定哪些地方的农牧民需要迁移及确定迁移哪些具体的农牧民。在现实中,生态移民不仅发生在生态严重恶化的地区,也发生在生态良好的地区,如三江源保护区。但是,无论生态移民发生在哪里,其共同的需求和必要性都是这一

---

① 《中华人民共和国水土保持法》第39条。

地区的生态环境需要严格保护，减轻本地的人口压力，将部分或全部人口迁移到该区域以外的地方。因此，就荒漠化治理而言，生态移民应该发生在土地荒漠化的地区。但是，究竟达到什么程度的荒漠化才可实施生态移民？相关法律是否有必要对生态移民的荒漠化条件作出统一规定？对此，生态移民既可以有效治理荒漠化，又可以使农牧民脱贫。但是，移民活动毕竟使一部分人改变其祖祖辈辈的生活地点和生活方式，这样会造成部分人内心存在抵抗情绪，甚至造成社会不稳定。再加上我国人口众多，各个地方基本上都有人口居住。因此，生态移民需要慎重。对此，法律应当区别对待，即将生态移民分为强制性生态移民和自愿性生态移民。对于强制性生态移民，法律应当作出一个基本的条件规定——生态移民应当以必要为前提，即土地荒漠化比较严重，不再适合农牧民的继续生活。至于在现实中如何判断荒漠化比较严重、不再适合农牧民生活，则应当根据本地的生态环境承载力和经济社会发展水平进行科学的综合判定，属于各地人民政府自由裁量的内容。对于自愿性生态移民，由于其是出自农牧民的自愿要求，法律对此类生态移民的前提条件规定可以放松，不以荒漠化比较严重、不再适合农牧民生存为前提，可以土地已经发生荒漠化，且有继续恶化的趋势，影响本地经济社会可持续发展为前提。虽然自愿性移民从总体上看利大于弊，但是考虑到生态移民后续的其他工作，法律还是要对其作出一定的限制，不能够进行任意迁移。对于在强制性部分生态移民中，究竟应当迁移哪些农牧民的问题，法律应当规定明确的筛选标准，例如，从自愿迁移的农牧民中选择，不足的部分再强制确定；强制的部分可以按照居住位置与生态移民所要保护的对象之间的利害关系的紧密程度加以确定。这样既可以保障移民工作的顺利进行，又可以体现移民的公平公正性。

其次，对于生态移民的接收地和移民安置问题，需要在一定的原则指导下，从客观条件出发，具体问题具体分析，法律只能够规定原则性的指导意见，无法对其作出详细的操作性规定。移民接收地的生态环境条件必须允许，即其生态环境的承载力未达到极限，还有容纳人口增长的较大空间。并且，生态移民目标地区的政府应当同意。从这个条件出发，实施生态移民的政府应当在其管辖的区域范围内实施移民，如果其将管辖区内的农牧民转移到其管辖范围以外的其他区域，必须请求上级人民政府进行协调，否则跨区域生态移民难以实现。移民的安置是事关生态移民成败的关键环节。如果移民安置不好，会产生大量的移民回流，造成政府管理的困难和社会的不稳定。因此，要从经济、文化、教育、医疗等多方面给予移民保障，确保移民能够移得出、住得下、稳得住、过得好，这样才能够实现生态移民的预期目标。并且，移民的思想认识在移民安置的过程中具有重要的作用。生态移民首先要使移民能够从心理上接受移民，然后才能有逐步适应的过程。因此，某一荒漠化地区要实施生态移民，应当将其具体的生态移民规划提前一年至两年公开，并对移民进行宣传教育。这样一方面可以减轻移民的阻力，另一方面可以降低移民的成本。

最后，实施生态移民必须有充足的资金保障，并由政府财政统一负担。为了确保生态移民能够收到预期的效果，既保护生态环境，又使农牧民脱贫致富，需要政府投入大量的资金作为保障。无论是迁出地的植被恢复、迁出农户的房屋征收，还是迁入地的房屋、学校等基础设施和农牧民的生活就业保障等，都需要政府投入大量的资金。因此，从某种意义上讲，能否有大量的资金作为保障是生态移民能否顺利实施的基础之一。法律应当对资金保障作出相应的规定。

（四）生态补偿

长期以来，国内外不同领域的学者对生态补偿的认识存在差异，这是由于在生态学、经济学、政治学、法学等不同领域的生态补偿定义不同，[①] 并且，社会科学领域的生态补偿定义容易受到自然科学对生态补偿界定的影响。总结不同领域的生态补偿定义，其差异主要表现在以下四个方面：一是生态补偿是对"谁"的补偿，即生态补偿的对象问题。有学者认为生态补偿是对生态的补偿，即补偿生态；也有学者认为生态补偿是对人的补偿；还有学者认为生态补偿既是对生态的补偿，也是对人的补偿。二是由"谁"补偿，即生态补偿的义务主体问题。生态补偿的义务主体，主要包括政府、生态保护的受益者和生态破坏者三类，不同生态补偿概念对生态补偿的义务主体的界定基本都是在这三者中选择的。三是"因什么"补偿，即生态补偿的原因问题，主要有生态保护等正外部性行为和生态破坏等负外部性行为。不同的生态补偿定义也都是在这两种原因中进行选择的。四是"怎么"补偿，即生态补偿的途径问题，主要包括政府和市场两种途径和方式。不同的生态补偿定义也都是在这两种补偿方式中选择的。

目前，我国环境法领域对生态补偿的认识主要有三种具有代表性的不同观点：第一种是生态致害者对生态的补偿，是环境负外部性的内部化，可以等同于生态修复，即"弥补生态系统的损失、消耗，恢复生态系统平衡和生态功能"[②]。第二种是大而全的生态补偿观，既包括对人的补偿又包括对生态的补偿，既包括对正外部性的补偿又包括对负外部性的补偿，即"生态补偿主要是指对生态系统

[①] 辛帅：《生态补偿的源流追踪》，载徐祥民主编《中国环境法学评论》，科学出版社2014年版，第146—163页。

[②] 韩德培主编：《环境保护法教程》，法律出版社2018年版，第88页。

和自然资源保护所获得效益的奖励,或破坏生态系统和自然资源所造成损失的赔偿。其主要内容包括:(1)对生态系统本身保护或破坏的成本进行补偿;(2)通过经济手段将经济效益的外部性内部化;(3)对个人或区域保护生态系统和环境的投入或放弃发展机会的损失进行经济补偿;(4)对具有重大生态价值的区域或对象进行保护性投入"[1]。第三种是通说观点,是对人的补偿,对环境正外部性行为的补偿,即"综合考虑生态保护成本、发展机会成本和生态服务价值的基础上,采取行政、市场等方式,由政府及生态保护的受益者向生态保护者,提供金钱、物质或其他非物质利益等以弥补其成本支出的行为"[2]。那么,荒漠化治理作为环境保护的一个分支,荒漠化治理措施之一的生态补偿到底应该是什么内容的生态补偿,需要我们对相关规范性文件进行分析后才能确定。在此基础上,发现作为我国荒漠化治理措施的生态补偿存在的不足,并提出相应的完善建议。

根据我国《环境保护法》的规定[3],目前,我国生态补偿制度的建设发展情况主要体现在以下三个方面:一是该制度尚不完善,还处于发展完善过程中,需要国家构建和完善相关的规定;二是生态补偿以国家财政转移支付的纵向补偿为主,即通过中央财政拨款的形式,逐步下拨到地方人民政府,最后由地方人民政府落实到具体的受偿者身上;三是国家鼓励和支持横向的生态补偿,即生态保护地区和生态受益地区在协商或市场机制的基础上进行补偿。从这一规定可以看出,生态补偿实际上是生态保护的受益者对生态保护的付出者(生态保护者)给予的补偿,政府可以作为受益者即公共

---

[1] 信春鹰主编:《〈中华人民共和国环境保护法〉学习读本》,中国民主法制出版社2014年版,第154页。

[2] 汪劲:《环境法学》,北京大学出版社2018年版,第140—141页。

[3] 《中华人民共和国环境保护法》第31条。

利益的代表者，对生态保护者给予补偿。至于为什么要对生态保护者进行补偿，关键的原因在于生态保护行为是一种典型的正外部性行为，即生态保护行为保护的是一种纯粹的公共利益，所有人都能够从生态保护行为中受益，但保护行为付出的成本在通常情况下只能够由保护者自己承担，无法通过普通的市场机制将保护者的成本分担给所有的受益者。这样就会导致生态保护的"搭便车"现象，即所有人都希望别人付出而自己尽享别人付出所带来的好处，久而久之就导致没有人愿意保护生态环境。因此，为了有效激励市场主体主动实施生态保护行为，就需要对其保护行为进行一定的补偿，即生态补偿。所以，生态补偿是对环境正外部性行为的补偿。正因如此，生态补偿与环境税、生态损失补偿费具有本质的区别。环境税和生态损失补偿费实际上是对环境负外部性加以内部化的手段，即环境致害者对其行为所造成的环境副作用乃至环境损害承担相应的责任。

综上所述，作为荒漠化治理措施之一的生态补偿制度实际上就是指政府或者荒漠化治理的受益主体，通过财政转移支付、市场机制等，对荒漠化治理的付出者和贡献者给予的金钱、物质、发展机会等形式的补偿。即荒漠化治理的受益者对荒漠化治理的付出者基于其行为的正外部性给予的补偿。

实施生态补偿，已经是我国现实中广泛运用的荒漠化治理措施。我国相关荒漠化防治规范性法律文件对此也作了相应的规定。《防沙治沙法》虽然没有明确规定生态补偿，但其相关规定实际上就是生态补偿的具体措施。《防沙治沙法》规定，采取退耕还林还草、植树种草或者封育措施治沙的土地使用权人或土地承包经营人依照国家相关规定获得补助，并且地方人民政府应当对防沙治沙的单位和个人给予资金补助。这一规定实际上就是政府依法对沙化土地治理的付出者给予一定补偿。① 并且，根据我国《退耕还林条例》的相关规定，国家对实施退耕还林的土地承包经营人给予的粮食补助、生活费补助、种苗造林补助费等，在本质上都属于生态补偿。我国《水土保持法》规定在"江河源头区、饮用水水源保护区和水源涵养区"加强水土保持工作，多渠道筹集资金，实施水土保持生态效益补偿，将水土保持生态效益补偿纳入国家建立的生态效益补偿制度。② 所以，《水土保持法》明确提出了建立生态效益补偿制度，但从相关法条的表述来看，该制度的实施似乎只局限于发生水土流失的"江河源头区、饮用水水源保护区和水源涵养区"。重点防治是防治水土流失和土地沙化的要求之一，在资金有限的条件下，应适当地放宽生态效益补偿金的发放范围，这对实现荒漠化防治和全面脱贫致富的结合大有裨益。水土保持生态效益补偿制度已经出现在我国多个重要政策文件中，如《国务院关于加强水土保持工作的通知》以及多个中央一号文件都提及水土保持生态效益补偿制度的建立问题，这也使其成为国家生态效益补偿制度中不可或缺的一员③。我国《森林法》明确规定国家要设立森林生态效益补偿基金，用于防护林和特种用途林的营造、抚育和管护。这实际上就是对森林生态补偿制度的明确规定。④《草原法》虽然没有明确规定草原生态补偿，但是其相关条文的规定实际上就是对草原生态补偿制度的规定。例如，我国对荒漠化严重及生态脆弱区的草原实行禁牧、休牧、退耕还草措施，并按照规定对相关农牧民给予粮食、资金、草种费等补助⑤，这些就是对农牧民的生态正外部性行为的补偿。《草原法》规定的这些生态补偿在国务院及原农业部颁布的退牧还草相关文件中得到进

---

① 《中华人民共和国防沙治沙法》第 25、第 33 条。
② 《中华人民共和国水土保持法》第 31 条。
③ 卞耀武：《中华人民共和国防沙治沙法释义》，法律出版社 2002 年版，第 55—67 页。
④ 《中华人民共和国森林法》第 8 条。
⑤ 《中华人民共和国草原法》第 35、第 47、第 48 条。

一步的落实。在实践中，我国西北地区的多处草原已经实施生态补偿。[①]

从我国荒漠化治理生态补偿的有关规范性法律文件的规定及部分地方的实施实践来看，目前，我国荒漠化防治生态补偿制度仍然存在生态补偿与生活补助混合、生态补偿标准不统一、补偿途径比较单一、补偿效果的监督机制较为薄弱等主要问题。针对这些问题，我国荒漠化治理生态补偿制度应当采取以下四个完善措施。

首先，明确荒漠化治理生态补偿的目标。由于目前我国还没有适用全国范围的专门规定生态补偿的法律法规，并且有关荒漠化防治法律法规对荒漠化治理生态补偿的规定并不详细，因此在实践中我国荒漠化治理生态补偿资金的发放一般都由地方政府将其和农牧民的生活补助金、相关奖励金等打包发放。这使荒漠化治理生态补偿的目标不明确，不利于对农牧民的荒漠化治理等具有生态正外部性行为的明确鼓励。鉴于此，为了更明确地鼓励农牧民的荒漠化治理行为，荒漠化治理生态补偿制度应当具有明确的目的，即对农牧民的荒漠化治理等具有生态正外部性的行为进行成本损失补偿。

其次，合理确定荒漠化治理生态补偿的标准。确定荒漠化治理生态补偿的标准是实施荒漠化治理生态补偿的前提之一。合理确定荒漠化治理生态补偿的标准，有利于该制度收到预期的良好效果。如果荒漠化治理生态补偿标准过高，则会给国家和地方政府的财政带来过大的压力，难以实现环境保护与经济社会协调发展的目的，也不利于生态补偿制度的落实；如果荒漠化治理生态补偿标准过低，则难以激励农牧民积极做出有利于荒漠化治理的正外部性行为，使荒漠化治理生态补偿难以收到良好的实效。所以，在实践中要结合

---

① 尹晓青：《草原生态补偿政策：实施效果及改进建议》，《生态经济》2017年第3期。

土地荒漠化的严重程度、荒漠化治理的具体措施、荒漠化治理区域的经济社会发展整体水平等多种因素，合理确定荒漠化治理生态补偿的标准。并且，要确保在不同的制度中针对同一区域同种行为的补偿标准一致，否则可能因标准不统一而造成制度实施的困难。例如，有关资料显示，我国部分地区存在生态补偿标准不统一的问题，给相应的监管工作带来了巨大的负担。[①] 此外，针对目前实践中生态补偿标准普遍偏低的情况，应适当提高生态补偿的标准，尤其是在荒漠化较为严重的地区。这样可以更好地激励农牧民做出有利于荒漠化治理的生态正外部性行为。

再次，拓展荒漠化治理生态补偿的途径。在实践中，我国荒漠化治理生态补偿都是由中央和地方政府通过财政转移支付的方式实施的。这种方式虽然是我国环境法明确规定生态补偿的主要方式，并且有惠及面广、资金有保障等优点，但该方式也有缺点，即生态补偿标准一般偏低，没有征求被补偿者的意见，难以有效激励被补偿者的生态正外部性行为，导致生态补偿实施的效果不佳。为了切实提高生态补偿的标准，增加被补偿者的收入，可以探索通过市场协商等机制进行荒漠化治理生态补偿。其实，通过市场机制进行生态补偿已经在我国的水污染防治领域实施，即河流的上下游之间通过协商确定补偿标准，以达到河流上游的保护要求。所以，在我国荒漠化治理生态补偿实践中，可以根据荒漠化土地的具体位置及荒漠化土地治理的受益者等相关因素，积极探索和拓展荒漠化治理生态补偿的市场化途径，使其更有利于荒漠化治理生态补偿目的的有效实现。

[①] 以内蒙古乌拉特后旗实施的草原生态补偿为例，在其退牧还草制度中，禁牧措施的补贴标准是 4.95 元/亩，而在生态补偿奖励制度中，禁牧措施的补偿标准为 4.74 元/亩，二者相差 0.21 元/亩。参见尹晓青《草原生态补偿政策：实施效果及改进建议》，《生态经济》2017 年第 3 期。

最后，强化荒漠化治理生态补偿的监督。要使生态补偿收到预期的良好效果，不仅需要合理的生态补偿标准，而且需要有效的生态补偿监督机制作为保障。这对荒漠化治理生态补偿同样适用。荒漠化治理生态补偿不能仅将相关的资金发放给相关的农牧民，关键的环节是要确保农牧民在收到相应的荒漠化治理生态补偿金后能够有效维持荒漠化治理的状态和效果。比如，对退耕还草、禁牧的牧民进行生态补偿，牧民在初期确实施行了退耕还草和禁牧，但是当牧民拿到了生态补偿金后，又进行偷耕和偷牧，从而使生态补偿制度的实施效果大打折扣。在这种情况下，就需要有相应的监督机制，使荒漠化治理生态补偿与治理效果的维持直接挂钩，确保荒漠化治理生态补偿制度达到预期的效果。

第八章 荒漠化防治的保障制度

土地荒漠化既是全球性的环境问题，也具有极强地域性。荒漠化的成因具有复杂性，既包含自然因素，也包含诸多的人为因素。因此，对荒漠化的防治既是一项科技性事业，更是一项宏大的社会工程。对荒漠化进行防治不仅需要政府的积极主导、合理规划及一系列的预防措施和治理措施，而且需要大量的人力、物力、财力的投入作为保障，否则理论上再好的防治措施也无法得到很好的落实。因此，本章将从科学技术、资金、公众参与等方面对荒漠化防治的保障制度加以论述。

一 科学技术保障

荒漠化防治要在科学指导下因地制宜地进行。科学与技术在荒漠化防治中具有极其重要的作用。例如，陡坡科学选种，即在25°以上的陡坡地种植经济林应当科学选择林种和种植规模；科学治沙工程，包括物理治沙、生物治沙和化学治沙；草原载畜量的测定；等等。这些都是科学与技术措施在荒漠化防治中的具体应用。除此之外，作为荒漠化预防措施之一的监测活动也是一种典型的科技活动。但是，并不是只要某项荒漠化防治的技术存在，该技术就可以在荒漠化防治实践中自然而然地得到应用。无论是荒漠化防治科技的创新、进步，还是将现有的科技成果转化为荒漠化防治的实践措施，都需要一些中间环节。如何创新出更多更优秀的荒漠化防治科技成果，如何使现有的科技成果顺利转化为荒漠化防治的实践手段，是荒漠化防治的技术保障制度需要解决的问题。也就是说，荒漠化防治的技术保障制度就是要促使荒漠化防治科学技术的创新与进步，并最大限度地将现有科技成果应用到荒漠化防治实践中，转化为荒漠化防治的实战能力。

  我国荒漠化防治相关规范性法律文件已经对技术保障制度作出部分规定。《防沙治沙法》将防沙治沙的科技保障规定在"总则"中，即"国家要支持防沙治沙的科学研究和技术推广，发挥科研部门和机构在防沙治沙中的作用，培养防沙治沙专门技术人员，提高防沙治沙的科技水平"[①]。由此可见，防沙治沙的科技保障措施主要体现在两个方面：一是科研部门和机构要创新防沙治沙科技成果、培养专业的防沙治沙人员；二是国家不仅要支持防沙治沙的科学研究，更快地创造更多的防沙治沙新成果，而且要采取措施支持防沙治沙新技术的推广和应用。但是，这一规定只是一项指导性的抽象规定，至于国家如何支持、如何保障，《防沙治沙法》并没有明确规定。而且，在《防沙治沙法》第五章"保障措施"中也没有对科技保障措施加以具体规定。但是，《防沙治沙决定》明确要求"加强防沙治沙科学研究和技术推广"，并作了进一步的具体规定，主要有以下四个方面：一是要针对防沙治沙中的关键性技术难题开展多学科、多部门、多层次的联合攻关研究；二是要建立健全防沙治沙技术推广和服务体系，积极探索招投标等技术推广新机制，加大先进技术成果的应用；三是防沙治沙工程建设中的技术支撑项目要与主体工程项目做到"三同步"，即同步设计、同步实施、同步验收，确

[①] 《中华人民共和国防沙治沙法》第7条。

保技术支撑和服务贯穿防沙治沙工程的全过程；四是要组建农牧民专业技术协会和科技企业，加强对防沙治沙基层技术人员和农牧民的技术培训，并对长期在基层从事治沙单位工作的专业技术人员给予职称晋升、专业技术职务评聘、子女教育、医疗等方面的照顾。所以，无论是在科技创新服务方面还是在科技推广服务方面，《防沙治沙决定》都比《防沙治沙法》更具体。即便如此，如果把《防沙治沙决定》规定的四个方面的科技保障措施在现实中全部贯彻落实，仍需进一步更具体的政策规定。

《水土保持法》也作出了与《防沙治沙法》同样性质和内容的规定，即国家鼓励和支持水土保持科学技术研究，提高水土保持科技水平，推广水土保持先进科技，培养水土保持科技人才。[①] 同样，其也包括保障科技成果的创新和进步、现有科技成果的推广和应用、科技人才的培养三个方面。但是，《水土保持法》同样没有规定如何保障水土保持科技研究和技术推广及人才培养。对此，水利部于2008年制定的《全国水土保持科技发展规划纲要（2008—2020年）》作了较为详细的规定。该规划纲要的第五部分明确规定了六个方面的"水土保持科技发展保障措施"，即深化水土保持科技体制改革和创新体系建设、建立与完善水土保持科技政策与投入体系、构建科研协作网络和科技基础条件平台、完善水土保持应用技术推广体系、加强水保持试验示范与科普教育基地建设，以及建设一支高素质的科研队伍。这六个方面实际上是水土保持科技保障制度三个方面的进一步细化，即如何保障水土保持科学研究和技术进步、如何保障水土保持先进科技的推广应用、如何保障对水土保持科研人员的培养。

---

① 《中华人民共和国水土保持法》第7条。

《森林法》规定国家鼓励林业科学研究，推广林业先进技术[1]；《草原法》规定国家鼓励和支持草原科学研究，推广先进技术和成果，培养科技人才[2]。同样，这两部法律没有就如何鼓励和支持科学研究、技术推广和人才培养作出进一步的具体规定。相关内容一般都通过相关行政主管部门制定的规划、部门规章等加以具体化。

从总体上看，防沙治沙科技和水土保持科技直接作用于荒漠化防治，森林科技和草原科技尽管并不是全部直接服务荒漠化防治，但也有助于土地荒漠化防治。所以，荒漠化科技保障措施应当将森林科技保障和草原科技保障也纳入其中。但是，无论具体的科技领域如何，其相应的科技保障思路和逻辑都具有一致性，即包括以下三个方面。第一，增强荒漠化防治的科学技术研究，集中解决荒漠化防治中的关键性难题，促进荒漠化防治的理论创新和科技进步。具体措施包括创建科研平台、联合科研攻关、增加科研经费投入、改善科研管理体制、重视科研人才等。第二，推动荒漠化科技成果在荒漠化防治实践中的应用和推广，将科研成果转化为荒漠化防治的实践能力，以更好更快地实现土地荒漠化防治，主要措施包括建立和完善荒漠化防治技术推广体系、增强科研单位的成果转化意识、建立科研成果推广实践示范区域、优化科研成果向实践领域推广转化的激励机制等。第三，加强荒漠化防治科研人员的培养，不仅使荒漠化防治科研后继有人，而且促使荒漠化防治的科研成果得以普及、推广和应用，主要措施包括增强荒漠化防治科研院所的教育功能、建立荒漠化防治科技企业、培训基层荒漠化防治技术人员、对广大农牧民进行荒漠化防治技术培训等。

---

[1] 《中华人民共和国森林法》第6条。
[2] 《中华人民共和国草原法》第6条。

二 资金保障

每项荒漠化防治措施的落实都需要一定量的资金作为根本保障,如果没有相应的资金配套,荒漠化防治措施就无法收到预期的良好效果。但是,荒漠化防治资金从哪里来,如何保障荒漠化防治资金不缺位并有效利用,是荒漠化防治资金保障制度需要解决的问题。

根据《防沙治沙法》的相关规定,防沙治沙资金的保障措施主要体现在以下两个方面。一是政府财政拨款及其保障。国务院和沙化土地所在地的地方人民政府应当在本级政府财政预算中安排所批规划中的防沙治沙工程项目资金,确保规划的防沙治沙项目顺利实施。国家根据需要,对防沙治沙科研项目和技术推广给予资金补助和税费减免,以促进科研和技术推广。对于国家财政拨款的防沙治沙资金,任何单位和个人都不得截留,县级以上人民政府的审计机关依法对防沙治沙资金的使用情况进行审计监督,确保防沙治沙资金合法使用。二是社会主体的投资及其保障。国家鼓励和保障社会主体积极投资防沙治沙活动,并采取资金补助、税费减免及其他利益保障措施。《防沙治沙决定》进一步强调建立稳定的"投入机制"和实施"税收优惠和信贷支持",主要内容也包括两个方面:增加政府的财政投入,将防沙治沙相关资金纳入财政预算和固定资产投资计划;积极引导利用社会资本,扩大外资投入,拓展筹资渠道,对投资治沙的单位和个人实行税收减免和信贷优惠。

《水土保持法》规定县级以上人民政府将水土保持规划纳入本级国民经济与社会发展规划,并负责安排专项资金确保水土保持规划规定的水土保持项目顺利实施;国家要从"多渠道筹集资金",加强对水土流失重点区域的治理,并且对参与治理水土流失的单位和个人给予税收、资金方面的扶持。① 从这些规定来看，水土流失防治领域的资金来源也无外乎两种，即政府财政拨款和社会主体投资。政府应当采取各种保障措施，确保政府财政拨款的落实和激励社会主体积极投资进行水土流失防治。

《森林法》规定我国森林法对森林保护的资金保障措施主要体现在两个基金中，即林业基金和森林生态效益补偿基金。② 国家还通过征收育林费、从煤炭和木浆纸销售收入中提取资金等方式对基金进行补充。此外，政府还对育林造林的集体和个人给予资金和信贷支持。林业基金在我国的历史相对较长，早在1981年中共中央、国务院颁布的《关于保护森林发展林业若干问题的决议》中就规定由原国家林业局（现国家林业和草原局）和财政部共同建立林业基金。林业资金来源于以下六个方面：一是用于营林的政府财政拨款，二是国家通过林业部门安排的造林投资，三是林业部门征收提取的育林费，四是林业部门没有发给林农的森林改造费，五是政府的营林收益，六是其他由人民政府或财政部门批准的作为基金来源的收入。林业基金主要用于森林的培育、改造、保护、管理等。森林生态效益补偿基金设立的直接依据是由财政部和原国家林业局于2004年共同印发的《中央森林生态效益补偿基金管理办法》（财农〔2004〕169号），该办法于2007年进行了修订，制定了《中央财政森林生态效益补偿基金管理办法》（财农〔2007〕7号）。其规定的只是中央森林生态效益补偿基金，其来源是中央财政的专项资金，是全国森林生态效益补偿基金的组成部分。但是，从该基金管理办法的规定来看，其主要规定的是补偿标准、资金拨付与管理、监督检查，如果对基金的来源和用途只用一句话加以明确的话，则其用

---

① 《中华人民共和国水土保持法》第4、第31、第33条。
② 《中华人民共和国森林法》第8条。

途是重点公益林的营造、抚育、保护和管理。此外，我国一些省份也制定了本省份的森林生态效益补偿基金管理办法，如福建省、内蒙古自治区、山东省、浙江省等都制定了本省份的森林生态效益补偿基金管理办法，进一步明确了森林生态效益补偿基金的来源。从整体上看，各省份的森林生态效益补偿基金的来源都以政府的财政投入为主，辅以受益者补偿。也就是说，政府要安排专项财政资金作为森林生态效益补偿基金的主要组成部分，另外，根据受益者补偿的原则要求公益林保护的受益者缴纳一定的费用纳入森林生态效益补偿基金。

在草原建设保护资金保障方面，《草原法》要求各级人民政府对纳入本级人民政府国民经济与社会发展规划的草原建设保护项目安排专项资金加以实施，任何单位和个人不得截留，财政部门和审计部门对此应加强监督管理；国家对禁牧休牧轮牧地区的牧民进行资金和粮食补助；因建设需要征收、征用或占用草原的，要征收草原植被恢复费，专款专用，不得截留和转作他用。[①] 因此，从《草原法》的相关规定看，有关草原建设保护的资金主要源于政府的财政投入，少量源于建设单位缴纳的草原植被恢复费，并没有建立像森林资源保护领域那样的基金。

所以，从总体上看，我国荒漠化防治领域的资金主要源于政府的财政投入，另外，还有部分资金源于社会主体的投资及缴纳的补偿费。从经费使用的性质来看，我们可以把政府财政投入和征收的补偿费等纳入政府管理的资金类型，而社会主体的投资由社会主体自主支配。对于政府管理的资金，一方面要确保政府的稳定投入，想方设法扩展政府的筹资渠道，扩大资金的来源；另一方面要完善对资金的管理、应用和监督。相较而言，森林资源保护领域的基金

---

① 《中华人民共和国草原法》第32、第35、第39条。

制度较具优势，不仅可以确保专款专用，而且有相关主体专门负责管理，确保资金的稳定性，实现基金的营收、合理使用和有效监督等。因此，可以学习森林领域的基金制度，建立我国的防沙治沙专项基金、水土保持专项基金、草原建设保护专项基金等，实现对荒漠化防治的资金保障。对于社会主体进行的荒漠化防治投资，政府应当尽力采取各种优惠、扶持、激励措施，充分利用市场机制，调动社会主体投资进行荒漠化防治的热情，拓宽社会主体的投资渠道，保障荒漠化防治的资金充足。

三　公众参与保障

土地的荒漠化作为全球性的环境问题，自然需要全社会乃至全球共同应对。对于一国内部的土地荒漠化防治，应当确保社会公众的广泛参与。在我国以政府为主导的荒漠化防治体制中，政府应当采取有效措施调动社会公众积极参与荒漠化的防治。同时，为了确保政府主导职责的有效履行，应该充分调动社会公众的积极参与。但是，无论社会公众通过何种方式和途径参与荒漠化的防治事业，都需要有相应的保障措施。

我国《防沙治沙法》不仅在"总则"中对保障公众参与作出了概括性规定，即政府一方面通过宣传教育提高社会公众的防沙治沙意识，另一方面对防沙治沙有突出贡献的人进行表彰和奖励[1]，而且在第五章"保障措施"中重点规定了如何保障社会公众的参与，如通过资金补助、税收减免、财政贴息、取得治理后的土地使用权、给予治理者经济补偿等具体的激励措施，保障社会公众积极参与防沙治沙。国务院制定的《防沙治沙决定》明确要求"扶持各种社会

---

[1] 《中华人民共和国防沙治沙法》第8、第9条。

主体参与防沙治沙""保障治理者的合法权益",如为参与治沙的社会主体创造公平竞争的治沙环境,政府出资购买社会主体营造的植被,给投资治理者合理的经济补偿,通过合同确保治沙者的权益,给予治理者最高70年的土地使用权等。《防沙治沙决定》还明确规定要充分调动社会各界关心和支持防沙治沙工作,通过大力宣传教育,提高全民生态保护意识,引导沙区群众参与防沙治沙,充分动员解放军、武警、民兵、妇联、共青团、工会等社会团体关心和支持防沙治沙,并对贡献突出者进行表彰和奖励。

在水土保持方面,《水土保持法》一方面明确政府要鼓励社会公众参与水土流失防治,并对贡献突出者进行表彰和奖励,另一方面明确水土流失防治是社会公众的义务,并赋予社会公众相应的检举和控告的权利[1]。除这一概括性规定外,《水土保持法》还在第四章"治理"部分对社会公众参与水土流失治理的各种具体保障措施加以规定,如给予资金、技术、税收方面的扶持,通过承包合同保障治理者的合法权益等。在森林保护方面,《森林法》不仅强调植树造林、保护森林是每个公民的义务,还强调政府对社会公众的鼓励和支持,对突出贡献者进行奖励和表彰。[2] 并且,从《森林法》的通篇内容中都可以看到对社会公众参与森林资源保护管理等活动的保障性措施的规定,如确保私人林木的合法所有权、禁止向林农违法收费摊派罚款等、保护承包经营者的合法权益等。与前述荒漠化防治法一样,《草原法》明确规定了政府对社会公众的鼓励、奖励和表彰制度,并且在草原的"权属""建设""利用""保护"等内容中规定了一系列保障社会公众参与的具体措施,如保护农牧民的草原承包经营权,按照投资者受益原则保障投资草原建设者的合法权益,

---

[1] 《中华人民共和国水土保持法》第8、第9条。
[2] 《中华人民共和国森林法》第7、第8、第11条。

对禁牧、休牧、轮牧的牧民给予粮食资金等补助，对退耕还草的农牧民进行补助，等等。①

所以，从我国荒漠化防治的相关规范性法律文件来看，大多数规范性法律文件都注重对社会公众参与荒漠化防治进行各种激励和鼓励，这与各规范性法律文件将荒漠化防治作为社会公众的普遍义务的规定是一致的。正因为荒漠化防治实现的是一种典型的社会公共利益，广大社会公众都有责任和义务进行荒漠化防治，但由于法律的普遍适用性及法律面前人人平等原则的要求，法律义务一般都是最低限度的义务。从荒漠化防治的目的来看，在所有社会公众都履行和完成最低限度义务的基础上，鼓励和激励部分有能力的社会公众更多付出，承担更多的荒漠化防治义务，更有利于荒漠化防治目的的实现。因此，从上述荒漠化防治规范性法律文件对社会公众参与保障方面规定的不一致性来看，基于我国荒漠化防治法律的体系化考虑，对于相关法律关于荒漠化防治中社会公众参与的保障措施而言，应当作出以下四个方面的完善。

第一，普遍规定参与荒漠化防治是所有公民和组织的责任和义务。现阶段的各荒漠化防治单行法基本都规定了保护草原、森林、防沙治沙、水土流失防治等普遍义务，只不过有的义务主体并不统一，有的是"单位和个人"，有的是"公民"，有的是"使用者"。保护森林、草原、水土资源都是荒漠化防治的基本要求，应该成为所有公民和组织的普遍义务和责任。此外，国家要加大对社会公众的荒漠化防治方面的宣传和教育，提高社会公众的荒漠化防治意识和认知水平。

第二，强调国家及各级政府对荒漠化防治工作中有突出贡献的社会公众进行奖励和给予表彰。为了增加表彰和奖励规定的可操作

---

① 《中华人民共和国草原法》第7条。

性，应将此规定在相应的实施细则中作进一步细化，明确表彰和奖励的形式、数量，以及实施主体等。

第三，充分发挥行政和市场两种机制的作用，切实提高参与荒漠化防治的社会公众的利益待遇，增强其参与的积极性。政府手段主要有资助、补贴、信贷优惠、让与土地使用权、公开招标等，确保社会公众公平公正地参与荒漠化防治；市场手段主要有治理合同、产权流转等。将政府手段和市场手段结合，可以切实保障参与防治荒漠化的社会公众的合法权益。

第四，增强社会公众对荒漠化防治的监督性参与。尽管《水土保持法》赋予社会公众对违法行为向有关单位进行检举和控告的权利[1]，但是对这种检举权和控告权的规定过于抽象而不具有可操作性。对社会公众应当向谁检举、向谁控告，检举和控告的后果是什么，接收到检举和控告的单位应当作何种回应，检举人和控告人在检举和控告没有得到相关部门回应的情况下有什么救济手段等后续性问题都没有明确的规定。正因如此，我国在 2014 年修订《环境保护法》，将有关检举和控告的法律条文删除，代以环境民事公益诉讼、环境行政公益诉讼等制度的设立。荒漠化防治是环境保护领域的一个分支，我国现有的环境民事公益诉讼和环境行政公益诉讼制度理应直接适用于荒漠化防治领域。其中，荒漠化防治中民事公益诉讼就是社会公众参与的一种方式。对此，我国荒漠化防治相关法律可规定在该领域的民事公益诉讼按照《环境保护法》和《民事诉讼法》的规定进行。

---

[1]《中华人民共和国水土保持法》第 8 条。

结　语

　　荒漠化防治法制，顾名思义是防治荒漠化法律制度的总称和体系化，它可以是一部专门的、法典化的法律，也可以是由众多法律法条组成的法律规范集束。在国际上，《防治荒漠化公约》是一部专门的国际荒漠化防治法，但是其实施效果不尽如人意。这似乎是国际环境法的一个共性，因为深受国际政治博弈、权力斗争的影响。在我国，荒漠化防治法制主要是以《防沙治沙法》和《水土保持法》为核心，以《森林法》《草原法》《土地管理法》《水土保持法》《水法》等众多环境保护单行法为辅的法律规范集束。当然，《宪法》作为根本大法为荒漠化防治提供了根本性的宪法保障，《环境保护法》作为有争议的环境基本法为荒漠化防治法提供了基础性的法律依据，刑法、民法、经济法等其他部门法也为荒漠化防治提供了一些保障措施。荒漠化防治法制涉及如此众多的法律部门，符合了环境法的基本特征之一——综合属性。除了上述法律法规，具有灵活性的政策也为荒漠化提供了及时、多样的防治手段。研究发现，有关防治荒漠化的政策性文件，如我国五年规划、全国防沙治沙规划等，都对荒漠化、防治手段、基本制度有较为综合且科学的认识。事实证明，这些政策性规划的执行，对我国的荒漠化防治起了十分重要的作用。十多年来，党中央、国务院和中央主管部门的一些举措使荒漠化和土地沙化的面积实现了双缩减，而作为核心法——《防沙治沙法》的作用鲜被提及。然而，灵活的政策和稳定的法律本就应互为补充，二者的缺陷可用对方的优势得到填补；荒漠化防治法制可为荒漠化防治政策提供法律基础和保障，而荒漠化防治政策将荒漠化防治法制付诸实践。这也在很大程度上弥补了我国荒漠化防治相关法律过于概括、不易执行的重要缺陷。

也许有学者希望借鉴《防治荒漠化公约》及国外相关立法经验对我国的荒漠化防治法制加以完善。但总体而言，域外荒漠化防治法制对我国的借鉴意义不大。究其原因，主要在于以下三个方面。第一，荒漠化成因十分复杂，不同国家的荒漠化具有特殊性。例如，地中海地区的荒漠化和我国西部地区的荒漠化有很大差异。地中海地区的荒漠化基本分布在地中海气候区，其气候特点和我国西北部有着显著差异。因此，地中海地区会发展出一套适合当地自然环境特点的荒漠化防治法律制度，因此这种法律制度并不一定适合我国的荒漠化防治法制。第二，综观当今世界的荒漠化防治，鲜有国家比我国取得更大的防治成绩。我国已经让荒漠化土地实现十多年的持续缩减，而世界荒漠化土地总面积一直在增加。所以，我国实施的各项荒漠化防治法律制度具有先进性，本书只是在这些制度中找出一些瑕疵以求使其更加完善。通过文献回顾发现，世界专门的荒漠化防治法目前只有我国的《防沙治沙法》，其他国家的荒漠化防治立法更为散乱。可以说，它们并未从法制的视角看待荒漠化。第三，一些国家的荒漠化防治优秀经验因国情迥异而难以为我国所用。在中国取得显著的防治成就的同时，以色列、美国、澳大利亚等国家也取得了不俗的成绩，其中以色列的成绩最突出。例如，以色列走的是国家主导、全民参与、科技防治之路，在其建国之前，荒漠化就是其致命问题。犹太人在强大宗教信仰的驱使下"置之死地而后生"，加上美国等发达国家大力的经济、技术援助，他们才能够在荒漠上建起一个发达经济体。这背后的复杂因素是包括中国在内的其他荒漠化国家不具备的，因而其荒漠化防治法制建设就具有特殊性。

在此，仅以《防治荒漠化公约》为例加以简要说明。《防治荒漠化公约》作为第一部也是唯一一部涉及荒漠化防治的公约，为各国的防治荒漠化提供了国际法基础，但其起到的真正作用仅仅是唤起国际社会对荒漠化的重视而已。20世纪90年代仅有110个受荒漠化影响的国家，2013年这一数字已增加到168个；1991年，全球"高度退化"的土地面积为全球土地面积的15%，但2011年这一比例已增加到25%。可以说，《防治荒漠化公约》自身的立法缺陷注定了其不佳的法律效果。

首先，相比《生物多样性公约》和《联合国气候变化框架公约》，《防治荒漠化公约》是一部相对"不平等"的公约。生物多样性减少和全球气候变化能让世界各国得到真切的感受，各个国家都在工业化过程中或多或少地破坏了生物多样性并释放温室气体，这也得到了科学的认证和世界各国的基本认同。反观荒漠化，通过分析其成因可以发现其深受全球化等综合因素影响，但是如何让发达国家体会到这种全球性影响是没有确切的、可量化的数据作为支撑的呢？例如，作为独立大洲的澳大利亚，其他国家的荒漠化难以对其产生影响，而其自身的荒漠化也无法直接影响其他国家。荒漠化作为一种土地退化，其物理特性（如沙土移动缓慢）决定了其难以成为令人信服的全球性环境问题。正因如此，该公约的制定过程遭到了大部分发达国家的极力反对（美国、法国因政治原因赞成）。《防治荒漠化公约》规定了发达国家缔约方的特殊义务，即应为发展中国家尤其是极不发达国家防治本土荒漠化提供资金和技术，但不发达国家缔约方得到资金和技术支持的权利并未得到公约的保障。那么，这个特殊义务就面临正当性的考验——荒漠化不是由发达国家导致的（间接因素无法科学量化），发达国家是否具有防治荒漠化的国际义务？国际环境法的基本原则——共同但有区别的责任在这里也是失灵的。帕特莎·波尼认为，共同但有区别的责任之所以对发达国家设置更高的行为标准是因为它们是造成气候变化这类公认的全球性问题的"主要负责人"。然而，发达国家的行为与造成荒漠化之间无法形成一个完整的逻辑链条。所以说，让发达国家承担更多、更大的防治荒漠化责任是对发达国家的一种不公。这为《防治荒漠化公约》的有效执行埋下了隐患。

其次，《防治荒漠化公约》对荒漠化范围不科学的规定加剧了其"不平等"的特征。《防治荒漠化公约》将荒漠化的发生范围限制在湿润指数为 0.05—0.65 的干旱（不包括极为干旱区）、半干旱和亚湿润干旱区（不包括极区、副极区），这意味在湿润指数大于 0.65 的湿润地区，即便出现了类似荒漠化的土地退化也无法得到公约的保护。而根据 1998 年美国农业部发布的 *Desertification Vulnerability* 来看，荒漠化几乎遍布每个大洲，即便像英国这样降水丰沛的国家，其东英格兰地区的荒漠化脆弱性也显示为中度和重度；而且中国东南部湿润地区也存在荒漠化。《防治荒漠化公约》是在非洲国家的积极推动下产生的国际公约，非洲人将其视为"非洲人自己的公约"。因此，《防治荒漠化公约》基本覆盖了非洲境内的全部荒漠化地区，这对其他缔约方，尤其是发达国家缔约方为其提供国际援助提供了强制力保障。但是，这个湿润指数的设定对发生在湿润地区的荒漠化缔约方是否公平？答案显然是否定的。

再次，《防治荒漠化公约》缺乏有效的资金支持，也无法为发达国家履行资金援助和技术转移的义务提供有效的法律制度保障。荒漠化与贫困落后相伴相生，荒漠化主要出现在发展中国家尤其是最不发达国家。这些国家显然没有足够的经济、技术能力解决自身面临的荒漠化问题。为此，2002 年召开的可持续发展问题世界首脑会议呼吁全球环境基金（GEF）成为《防治荒漠化公约》的财务机制；随后，全球环境基金将土地退化作为其关心的第五个重点领域，并将其作为《防治荒漠化公约》的财务机制。然而，到 2011 年，全球环境基金仅提供了 3.29 亿美元。除全球环境基金外，《防治荒漠化公约》还建立了全球机制（GM）来动员发达国家缔约方履行提供资金和技术转让的义务并促进国际合作。然而，全球机制最初不是用来筹集和管理资金的，这导致《防治荒漠化公约》生效后近十年都未从全球机制那里获得任何特定的资金。除了有关资金和技术援助的机构建设的问题，《防治荒漠化公约》也未对资金援助和技术转让的方式与具体数量作出明确规定，这导致发展中国家缔约方无法及时得到充足的资金和有效的技术去防治荒漠化。联合国环境规划署曾指出，资源调度不足妨碍了受荒漠化影响的发展中国家缔约国履行公约所赋义务的努力。在不履约的问题上，《防治荒漠化公约》也没有提出切实可行的惩罚机制。

最后，《防治荒漠化公约》缺乏关于荒漠化科学的指标体系、监测制度及可量化的防治目标，进而严重制约了荒漠化防治的效率。不同国际组织、国家对荒漠化的评价标准是有出入的，缺乏关于荒漠化程度的估计数为滥用荒漠化概念提供了机会。众多发展中国家缺乏有效的技术手段精确测量本国的荒漠化，它们通过高度普遍性的最佳猜测（Best-Guess）方式评估荒漠化，而这种最佳猜测方式还被冠以"有根据的猜测"（Educated Guess）的名称。这种基于猜测而不是科学量化的方式为全球性的荒漠化趋势预测和有针对性的荒漠化防治带来了巨大的挑战。2017 年，《防治荒漠化公约》第十三次缔约方大会（COP13）上提出土地退化中性目标，其主要目的是在 2030 年让世界土地不再继续退化从而实现荒漠化零增长。但是，目前看来许多发达国家没有科学准确的指标量化本国的荒漠化土地，这使 2030 年的荒漠化零增长目标缺乏可供比较的数据。

总之，国际荒漠化防治法制经验，无论是联合国层面的还是国家层面的，对我国的荒漠化防治法制而言借鉴意义都不大。正因如此，本书并未将国际荒漠化防治的经验纳入我国的荒漠化防治法制建设。当然，笔者将在未来的研究中继续深入，以期为我国的荒漠化防治法制建设提供更多的域外经验。探索与完善我国的荒漠化防治法制，任重道远。

参考文献

一 中文著作

蔡守秋主编：《环境资源法教程》，高等教育出版社2004年版。

陈慈阳：《环境法总论》，中国政法大学出版社2003年版。

陈泉生等：《环境法哲学》，中国法制出版社2012年版。

樊胜岳、张卉、乌日嘎：《中国荒漠化治理的制度分析与绩效评价》，高等教育出版社2011年版。

巩固：《环境伦理学的法学批判——对中国环境法学研究路径的思考》，法律出版社2015年版。

国家林业局：《中国荒漠化和沙化土地图集》，科学出版社2009年版。

韩德培主编：《环境保护法教程》，法律出版社2018年版。

胡中华：《环境保护普遍义务论》，法律出版社2014年版。

江伟钰：《论21世纪全球防治荒漠化的共同国际责任——重温〈联合国防治荒漠化公约〉》，载上海市社会科学界联合会编《和谐世界　和平发展与文明多样性》，上海人民出版社2006年版。

江泽慧：《土地退化防治政策与管理实践》，中国林业出版社2011年版。

江泽慧：《中国干旱地区土地退化防治最佳实践》，中国林业出版社2008年版。

江泽慧：《中国干旱地区土地退化防治最佳实践Ⅱ》，中国林业出版社2013年版。

金瑞林：《环境法学》，北京大学出版社2002年版。

林灿铃：《国际环境法》，人民出版社2004年版。

吕忠梅：《环境法学》，法律出版社2004年版。

苗东升：《系统科学精要》，中国人民大学出版社2010年版。

沈宗林：《法理学》，北京大学出版社2014年版。

汪劲：《环境法学》，北京大学出版社2018年版。

王涛：《朱震达先生纪念文集》，科学出版社2007年版。

王曦：《国际环境法》，法律出版社2005年版。

吴正：《风沙地貌学》，科学出版社1987年版。

信春鹰主编：《〈中华人民共和国环境保护法〉学习读本》，中国民主法制出版社2014年版。

徐祥民：《常用环境法导读》，法律出版社2017年版。

徐祥民：《环境与资源保护法学》，科学出版社2008年版。

徐祥民：《人天关系和谐与环境保护法的完善》，法律出版社2017年版。

张文显：《法理学》，北京大学出版社2011年版。

赵景波：《荒漠化与防治教程》，中国环境出版社2014年版。

［法］亚历山大·基斯：《国际环境法》，张若思译，法律出版社2000年版。

［美］E.博登海默：《法理学：法律哲学与法律方法》，邓正来译，中国政法大学出版社2017年版。

［美］弗·卡特、汤姆·戴尔：《表土与人类文明》，庄崚、鱼姗玲译，中国环境科学出版社1987年版。

［美］迈克尔·贝尔：《环境社会学》，昌敦虎译，北京大学出版社2010年版。

[日] 交告尚史、臼杵知史、前田阳一：《日本环境法概论》，田林、丁倩雯译，中国法制出版社 2014 年版。

[英] 帕特莎·波尼、埃伦·波义尔：《国际法与环境》第二版，那力、王彦志、王小钢译，高等教育出版社 2007 年版。

二 中文文章

包庆丰：《内蒙古荒漠化防治法政策执行机制研究》，博士学位论文，北京林业大学，2006 年。

蔡放波：《论政府责任体系的构建》，《中国行政管理》2004 年第 4 期。

蔡守秋：《综合生态系统管理法的发展概况》，《政法论丛》2006 年第 3 期。

蔡守秋、张白灵：《防治石漠化法制建设问题与对策研究》，《时代法学》2010 年第 1 期。

曹清尧：《〈防沙治沙法〉核心规定和主要内容》，《林业经济》2002 年第 7 期。

常纪文：《环境标准的法律属性和作用机制》，《观察与思考》2010 年第 9 期。

陈德敏、胡耘通：《中国防治荒漠化的法律应对——来自 UNCCD 的启示》，《重庆大学学报》（社会科学版）2010 年第 5 期。

陈芳淼：《区域荒漠化演变机制的六元法研究》，博士学位论文，北京林业大学，2013 年。

戴秀丽：《〈防沙治沙法〉实施的法律经济学思考》，《绿色中国》2004 年第 8 期。

董光荣等：《关于"荒漠化"与"沙漠化"的概念》，《干旱区地理》1988 年第 1 期。

董玉祥：《"荒漠化"与"沙漠化"》，《科技术语研究》2000 年第 4 期。

杜德鱼、李拴斌、郭凤平:《关于防治荒漠化的法律政策思考》,《陕西师范大学学报》(哲学社会科学版) 2000 年第 S1 期。

杜发春:《国外生态移民研究述评》,《民族研究》2014 年第 2 期。

杜群:《防治土地荒漠化的资源法律问题及其对策——以甘肃省石羊河流域为例》,《法学评论》2004 年第 1 期。

杜群:《可持续发展与中国环境法创新——环境法律体系的重塑》,《北京师范大学学报》(人文社会科学版) 2001 年第 5 期。

杜群:《评估法律体系实施综合生态系统管理能力的研究方法——以全球环境基金—中国防治土地退化伙伴关系项目法律评估活动为例》,《中山大学法律评论》2010 年第 1 期。

樊胜岳、高新才:《中国荒漠化治理的模式与制度创新》,《中国社会科学》2000 年第 6 期。

郭剑平、施国庆:《环境难民还是环境移民——国内外环境移民称谓和定义研究综述》,《南京社会科学》2010 年第 11 期。

何江:《为什么环境法需要法典化——基于法律复杂化理论的证成》,《法制与社会发展》2019 年第 5 期。

何雪梅:《生态利益补偿的法制保障》,《社会科学研究》2004 年第 1 期。

胡翔宇:《土地荒漠化防治的法律对策研究》,硕士学位论文,西南政法大学,2005 年。

黄月艳:《荒漠化治理效益与可持续治理模式研究——以干旱亚湿润区为例》,博士学位论文,北京林业大学,2010 年。

贾圣真:《论国务院行政规定的法效力》,《当代法学》2016 年第 3 期。

江伟钰:《关于防治荒漠化的法律思考》,《甘肃政法学院学报》1997 年第 3 期。

江伟钰、陈方林:《关于防治荒漠化的法律思考》,《内蒙古大学学报》(人文社会科学版) 1998 年第 4 期。

姜明、谭飞燕:《关于完善我国防治荒漠化法律制度的思考》,《中国沙漠》2009 年第 3 期。

蒋亚娟:《沙化地区生态保护与扶贫的冲突及整合初探——析〈防沙治沙法〉之生态保护与扶贫相结合原则》,《广西政法管理干部学院学报》2002 年第 4 期。

金远亮等:《中国南方湿润区"荒漠化"问题讨论》,《地理科学进展》2015 年第 6 期。

孔祥吉、孙涛:《中国荒漠化地区干湿状况分析》,《林业资源管理》2017 年第 4 期。

李春雨:《防治荒漠化立法研究》,硕士学位论文,东北林业大学,2006 年。

李金霞、殷秀琴、包玉海:《北方农牧交错带东段土地水蚀荒漠化监测——以扎鲁特旗为例》,《干旱区地理》2006 年第 4 期。

梁上上:《利益的层次结构与利益衡量的展开——兼评加藤一郎的利益衡量论》,《法学研究》2002 年第 1 期。

刘继勇:《论防治土地荒漠化国际环境立法的伦理基础》,《东北大学学报》(社会科学版) 2016 年第 2 期。

刘连成、张国庆:《中国土地退化与法律保障对策》,《国土资源科技管理》2000 年第 1 期。

刘卫先:《绿色发展理念的环境法意蕴》,《法学论坛》2018 年第 6 期。

刘雨沛:《我国荒漠化防治法律问题研究》,硕士学位论文,中南林业科技大学,2008 年。

刘志:《我国西部土地荒漠化防治的法律对策》,《甘肃社会科学》2009 年第 6 期。

卢风：《整体主义环境哲学对现代性的挑战》，《中国社会科学》2012年第9期。

陆畅：《我国生态文明建设中的政府职能与责任研究》，博士学位论文，东北师范大学，2012年。

吕忠梅、刘超：《从沙尘暴防治看立法理念的转换》，《河北法学》2007年第7期。

吕忠梅、刘超：《资源分配悲剧性选择中的环境权——从环境资源分配角度看环境权的利益属性》，《河北法学》2009年第1期。

罗强强：《民族地区土地退化防治的环境法制现状及进路——以宁夏为例》，《安徽农业科学》2009年第11期。

聂文果、魏怀东：《荒漠化监测与防沙治沙法》，《干旱区资源与环境》2002年第3期。

彭继平：《〈防沙治沙法〉贯彻实施情况研究》，《干旱区资源与环境》2014年第3期。

盛明科、李代明：《生态政绩考评失灵与环保督察——规制地方政府间"共谋"关系的制度改革逻辑》，《吉首大学学报》（社会科学版）2018年第4期。

税伟等：《生态移民国外研究进展》，《世界地理研究》2012年第1期。

孙伟增等：《环保考核、地方官员晋升与环境治理——基于2004—2009年中国86个重点城市的经验证据》，《清华大学学报》（哲学社会科学版）2014年第4期。

孙佑海：《改革开放以来我国环境立法的基本经验和存在的问题》，《中国地质大学学报》（社会科学版）2008年第4期。

唐燕秋等：《关于环境规划在"多规合一"中定位的思考》，《环境保护》2015年第7期。

田思源：《论政府责任法制化》，《清华大学学报》（哲学社会科学版）

2006 年第 2 期。

屠志方、李梦先、孙涛：《第五次全国荒漠化和沙化监测结果及分析》，《林业资源管理》2016 年第 1 期。

王彬辉：《利用市场机制以法防沙治沙——〈防沙治沙法〉评析》，《中国人口·资源与环境》2002 年第 2 期。

王丛虎、白建华：《我国荒漠化治理中的问题及对策建议》，《天津行政学院学报》2005 年第 4 期。

王欢欢、樊海潮：《UNCCD 与〈中华人民共和国防沙治沙法〉比较研究》，《环境科学与技术》2007 年第 9 期。

王瑞恒、孟庆蕾：《浅谈预防中国西北地区土地荒漠化的法律对策》，《环境科学与管理》2007 年第 4 期。

王涛：《我国荒漠化研究的若干问题——2. 荒漠化的研究内容》，《中国沙漠》2003 年第 5 期。

王涛：《我国荒漠化研究的若干问题——3. 荒漠化研究和防治的重点区域》，《中国沙漠》2004 年第 1 期。

王涛、朱震达：《我国荒漠化研究的若干问题——1. 沙漠化的概念及其内涵》，《中国沙漠》2003 年第 3 期。

王涛、朱震达：《中国荒漠化研究》，《中国生态农业学报》2001 年第 2 期。

王涛、朱震达、赵哈林：《我国荒漠化研究的若干问题——4. 荒漠化的防治战略与途径》，《中国沙漠》2004 年第 2 期。

王曦：《论现代国际法中对国际社会整体利益的义务概念》，《珞珈法学论坛》2001 年第 2 期。

王璇：《河西走廊地区荒漠化防治法律问题研究》，硕士学位论文，昆明理工大学，2015 年。

韦贵红：《我国森林生态补偿立法存在的问题与对策》，《北京林业大学学报》（社会科学版）2011 年第 4 期。

魏洪森：《钱学森构建系统论的基本设想》，《系统科学学报》2013年第1期。

文同爱、李寅铨：《环境公平、环境效率及其与可持续发展的关系》，《中国人口·资源与环境》2003年第4期。

闻立军：《论西北地区沙漠化治理中法律的利益导向功能》，《环境科学导刊》2010年第1期。

徐润莉：《完善甘肃土地退化防治法律制度的思考》，硕士学位论文，兰州大学，2008年。

徐祥民：《从科学发展看环境法的使命》，《中州学刊》2016年第6期。

徐祥民：《地方政府环境质量责任的法理与制度完善》，《现代法学》2019年第3期。

徐祥民：《环境权论》，《中国社会科学》2004年第4期。

徐祥民：《环境质量目标主义：关于环境法直接规制目标的思考》，《中国法学》2015年第6期。

徐祥民：《极限与分配——再论环境法的本位》，《中国人口·资源与环境》2003年第4期。

徐祥民：《论环境的激励原则》，《郑州大学学报》（哲学社会科学版）2008年第4期。

徐祥民：《政府环境责任简论》，《学习论坛》2007年第12期。

徐祥民、李宇斐：《"能者多劳"——应对气候变化责任分担的首要原则》，《中国政法大学学报》2012年第3期。

徐祥民、刘卫先：《环境法学方法论研究的三个问题》，《郑州大学学报》（哲学社会科学版）2010年第4期。

徐祥民、刘卫先：《环境损害：环境法学的逻辑起点》，《现代法学》2010年第4期。

徐祥民、刘旭：《从海洋整体性出发优化海洋管理》，《中国行政管理》2016 年第 6 期。

徐祥民、宛佳欣：《环境的自然空间规定性对环境立法的挑战》，《华东政法大学学报》2017 年第 4 期。

徐祥民、朱雯：《环境利益的本质特征》，《法学论坛》2014 年第 6 期。

薛娴、王涛：《从系统论的角度看沙漠化与可持续发展问题》，《中国沙漠》2000 年第 4 期。

严冰：《中国每年因土地沙化造成的直接经济损失达 540 亿元》，《草业科学》2005 年第 4 期。

尹晓青：《草原生态补偿政策：实施效果及改进建议》，《生态经济》2017 年第 3 期。

于文轩、周冲：《我国荒漠化防治立法的缺陷及其应对——以土地利用规制为视角》，《农业环境与发展》2009 年第 1 期。

张长印等：《国内外水土保持及相关资源环境立法经验及建议》，《水利发展研究》2008 年第 4 期。

张红杰、徐祥民、凌欣：《政府环境责任论纲》，《郑州大学学报》（哲学社会科学版）2017 年第 3 期。

张俊伟：《中央政府只应承担托底责任》，《中国经济时报》2014 年 12 月 12 日第 5 版。

张磊：《我国防治土地退化的法律初探——我国土地退化问题研究》，《中国商界》2009 年第 5 期。

张丽君、王菲：《中国西部牧区生态移民后续发展对策探析》，《中央民族大学学报》（哲学社会科学版）2011 年第 4 期。

张利明：《论制约土地荒漠化防治的现实制度问题》，《林业经济》2006 年第 10 期。

张煜星、孙司衡：《〈联合国防治荒漠化公约〉的荒漠化土地范畴》，《中国沙漠》1998 年第 2 期。

赵江涛：《我国荒漠化防治法律制度研究》，硕士学位论文，中国地质大学（北京），2009。

赵兴华：《中国 21 世纪议程林业行动计划出台》，《环境》1995 年第 8 期。

周欢水等：《中国西部沙漠化的分布、动态及对生态环境建设的影响》，《中国沙漠》2006 年第 2 期。

周忠学、孙虎、李智佩：《黄土高原水蚀荒漠化发生特点及其防治模式》，《干旱区研究》2005 年第 1 期。

朱震达：《荒漠化概念的新进展》，《干旱区研究》1993 年第 4 期。

朱震达：《土地荒漠化问题研究现状与展望》，《地理研究》1991 年第 1 期。

朱震达：《中国的脆弱生态带与土地荒漠化》，《中国沙漠》1991 年第 4 期。

朱震达：《中国土地荒漠化的概念、成因与防治》，《第四纪研究》1998 年第 2 期。

朱震达、吴焕忠、崔书红：《中国土地荒漠化／土地退化的防治与环境保护》，《农村生态环境》1996 年第 3 期。

祝列克：《我国防沙治沙的形势与任务》，《绿色中国》2005 年第 10 期。

三　英文文献

Agajan G. Babaev, *Desert Problems and Desertification in Central Asia*, Springer, 1999.

Alan Grainger, *The Threatening Desert: Controlling Desertification*, Routledge, 1990.

Anton Imeson, *Desertification, Land Degradation and Sustainability*, Wiley-Blackwell, 2012.

Arima ed., "The Fragmentation of Space in the Amazon Basin", *Photogrammetric Engineering & Remote Sensing*, Vol. 74, 2008.

B. C. McClure, "Policies Related to Combating Desertification in the United States of America", *Land Degradation and Development*, Vol. 9, 1998.

Clive A. Spinage, *African Ecology – Benchmarks and Historical Perspectives*, Springer, 2011.

C. P. Barber ed., "Roads, Deforestation, and the Mitigating Effect of Protected Areas in the Amazon", *Biological Conservation*, Vol. 17, 2014.

E. Y. Arima et al., "The Fragmentation of Space in the Amazon Basin", *Photogrammetric Engineering & Remote Sensing*, Vol. 6, 2008.

Geeson, *Mediterranean Desertification: A Mosaic of Processes and Responses*, Wiley, 2002.

Geoff A. Wilson, Meri Juntti, *Unravelling Desertification Policies and Actor Networks in Southern Europe*, Wageningen Academic Publishers, 2005.

Ilya Prigogine, *The End of Certainty: Time, Chaos, and the New Laws of Nature*, The Free Press, 1997.

J. Baird Calicot, *In Defense of the Land Ethic: Esays in Environmental Philosophy*, State University of New York Press, 1989.

Kyle W. Danish, "International Environmental Law and the 'Bottom-Up' Approach: A Review of the Desertification Convention", *Indiana Journal of Global Legal Studies*, Vol. 3, 1995.

Kyle W. Danish, "International Environmental Law and the 'Bottom-Up' Approach: A Review of the Desertification Convention", *Indiana Journal of Global Legal Studies*, Vol. 3, 1995.

L. M. Bettencourt ed., "Growth, Innovation, Scaling, and the Pace of Life in Cities", *Proceedings of the National Academy of Sciences*, Vol. 104, 2007.

L. Yang, J. Wu, "Knowledge-Driven Institutional Change: An Empirical Study on Combating Desertification in Northern China from 1949 to 2004", *Journal of Environmental Management*, Vol. 110, 2012.

L. Yang, "Local Knowledge, Science, and Institutional Change: The Case of Desertification Control in Northern China", *Environmental Management*, Vol. 55, 2015.

Monique Mainguet, *Desertification Natural Background and Human Mismanagement*, Springer, 1991.

M. Akhtar-Schuster ed., "Improving the Enabling Environment to Combat Land Degradation: Institutional, Financial, Legal and Science-Policy Challenges and Solutions", *Land Degradation and Development*, Vol. 22, 2011.

M. H. Glantz, N. S. Orlovsky, "Desertification: A Review of the Concept", *Desertification Control Bulletin*, Vol. 9, 1983.

M. H. Lantz, N. S. Orlovsky, "Desertification: A Review of the Concept", *Desertification Control Bulletin*, Vol. 9, 1983.

M. Piero et al., "Soil Sealing: Quantifying Impacts on Soil Functions by a Geospatial Decision Support System", *Land Degradation and Development*, Vol. 28, 2017.

Pamela C. et al., "Land Degradation Neutrality: The Science-Policy Interface from the UNCCD to National Implementation", *Environmental Science and Policy*, Vol. 92, 2019.

Patrick Gonzalez, "Desertification and a Shift of Forest Species in the West African Sahel", *Climate Research*, Vol. 17, 2001.

Peter Hough, *Environmental Security: An Introduction*, Routledge, 2014.

Roy Behnke, *The Socio-Economic Causes and Consequences of Desertification in Central Asia*, Springer, 2006.

S. Cao, "Why Large-Scale Afforestation Efforts in China have Failed to Solve The Desertification Problem", *Environmental Science and Technology*, Vol. 42, 2008.

Tal Alon, A. Cohen, Jessica, "Bringing 'Top – Down' to 'Bottom – Up': A New Role for Environmental Legislation in Combating Desertification", *Harvard Environmental Law Review*, Vol. 1, 2007.

Welton ed., "Legal & Scientific Integrity in Advancing a Land Degradation Neutral World", *Columbia Journal of Environmental Law*, Vol. 6, 2015.

W. C. Burns, "The International Convention to Combat Desertification: Drawing a Line in the Sand?", *Journal of International Law*, Vol. 16, 1995.

W. E. Rees, "Ecological Footprints and Appropriated Carrying Capacities: What Urban Economics Leaves out", *Environment and Urbanization*, Vol. 2, 1992.

W. G. Kepner ed., *Desertification in the Mediterranean Region: A Security Issue*, Springer, 2003.

Zheng H. ed., "Cultural Invasions and Land Degradation", *Regional Environmental Change*, Vol. 15, 2015.